2025 国家统一法律职业资格考试

百日通关攻略

BAIRI TONGGUAN GONGLÜE

商 经 法

嗨学法考 组编　　　张倩 编著

中国农业出版社

北　京

图书在版编目（CIP）数据

国家统一法律职业资格考试·百日通关攻略. 商经法 / 嗨学法考组编；张倩编著. -- 北京：中国农业出版社，2024. 9. -- ISBN 978-7-109-32497-8

Ⅰ. D92

中国国家版本馆CIP数据核字第2024WC2028号

国家统一法律职业资格考试·百日通关攻略·商经法

GUOJIA TONGYI FALÜ ZHIYE ZIGE KAOSHI · BAIRI TONGGUAN GONGLÜE · SHANGJINGFA

中国农业出版社出版

地址：北京市朝阳区麦子店街18号楼

邮编：100125

责任编辑：杨　艺

责任校对：张雯婷

印刷：正德印务（天津）有限公司

版次：2024年9月第1版

印次：2024年9月第1次印刷

发行：新华书店北京发行所

开本：787mm×1092mm　1/16

总印张：89.5

总字数：2233千字

总定价：298.00元（全8册）

使用指南

　　第一次使用本书的同学们，请花几分钟阅读本页，了解如何最大限度地使用这本书。另外，本书的权益是配套课程及题库，扫码即可获取8位作者的240小时配套精讲课程及章节精炼3500题。同学们可以对着本书，听课、练习！

知识点 »

这里是高频考察的知识点，须仔细阅读，如未完全理解可立即听课加深理解。

图表 »

简洁明了的表格，提炼考点的关键信息，方便你对比记忆。

例 »

举例子，方便你更易读懂重要知识点。

题 »

精选与章节知识点相结合的题，助你及时检验学习成果，查漏补缺。

注意 »

关键信息提示，加深理解，避免忽视重点信息。

☀ 知识点

一、自然人的民事权利能力

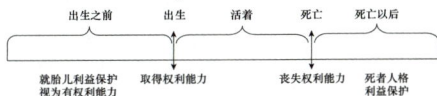

出生之前	出生	活着	死亡	死亡以后
就胎儿利益保护视为有权利能力	取得权利能力		丧失权利能力	死者人格利益保护

1.信用证欺诈的种类	（1）开立假信用证；（2）"软条款"信用证，即以信用证附加条件等方式加重受益人（卖方）风险；（3）伪造单据；（4）以保函换取与信用证相符的提单；（5）受益人（卖方）恶意不交货或交付的货物无价值等。	
2.信用证欺诈例外（止付信用证项下款项）	（1）止付条件	①必须由有管辖权的**法院**审理判决终止支付信用证项下款项。②申请人须提供**证据材料证明**有信用证欺诈情形。③不中止支付将使申请人合法权益遭到**难以弥补的损失**。④申请人提供了可行、充分的**担保**。
	（2）禁止止付情形	若存在如下情形，则不能再通过司法手段干预信用证下的付款；①开证行的指定人、授权行人已按照开证行的指令善意地进行了**付款或承兑**；②保兑行善意地履行了**付款**义务；③议付行善意地进行了**议付**。

　　例　甲死亡时，父亲早已去世，留有母亲和怀孕的妻子，B超检查为官内单胎。甲留有遗产30万元，在分割遗产时，视为胎儿有权利能力，参与继承。若胎儿出生为死体，则其民事权利能力自始不存在，甲的遗产由甲的继承人（甲妻和甲母）继承（每人各得二分之一）。若胎儿出生时为活体随即死亡（先后后死），则中的遗产先被出生的婴儿、甲妻、甲母继承（该婴儿、甲妻、甲母各得三分之一），该婴儿死亡后其所得遗产再被其继承人（甲的妻子）继承，此时甲的妻子得三分之二（甲母得三分之一）。

[考点练习]
　　根据《民事诉讼法》和有关司法解释的规定，以下哪种证据，当事人无权申请法院责令对方当事人提交？
　　A.书证　　　　　　B.物证
　　C.视听资料　　　　D.电子数据
　　答案：B
　　解析：根据《民事证据规定》，目前三类证据都可以申请文书提出命令：书证、视听资料、电子数据。在德日等大陆法系国家，有关书证的规则也适用于视听资料和电子数据，《民事证据规定》第99条作了同样的规定；关于书证的规定适用于视听资料、电子数据。

🔍 注意　法是统治阶级意志的体现，并不意味着统治阶级的意志就是法。统治阶级的意志只有经过国家机关被上升为国家意志、被客观化正式化为具体规定才能成为法。统治阶级意志也可能表现为政策等。

考点

掌握主要知识点，让学习目标更明确。

文字

双色突出重点，助你快速识别知识要点。

解析

深化解题思路，掌握解题技巧。

未完待续……　➤➤➤

·课 程 使 用 指 导·

仅需一键扫码，就可领取与图书完全配套的精讲课程。段波、张宇琛等8位作者在等你哦！

step 1

点击学习——在这里找到2025考季百日通关课程，点击进入。

step 2

点击课程——在这里可以看到8大科目并可随意切换，选定相应科目后，点击学习即可听课。

step 3

点击题库——在这里切换做题模式。

点击客观题——在这里可以切换"客观题"和"主观题"两种考试形式，选定科目后即可看到相应的章节精练。

数字化题库记录你的做题数据、错题集、收藏夹、练习历史，方便查漏补缺。

目 录

第四部分　劳动与社会保障法

第五部分　知识产权法

第一部分　商法

第一章　公司法

第一节　公司法概述

一、公司的概念与特征 ☆☆☆

公司是指**股东**依照《公司法》的规定，以其**认缴**的出资额或认购的股份为限对公司承担责任，公司**以其全部法人财产**对公司债务承担责任的**企业法人**

特征	1. 公司具有**独立的法人资格**	（1）**独立名义**	公司以自己的名义进行各种民事活动以及诉讼等
		（2）独立财产	公司是企业法人，有独立的法人财产，享有**法人财产权**
		（3）**独立责任**	公司以其**全部财产**对自己的债务承担责任，股东仅以**出资为限**对公司承担责任
	2. 公司具有**社团性**		公司是社团组织，具有社团性
	3. 公司具有**营利性**		公司以营利为目的，具有营利性

```
               所有权换股权              债
  股东  ────────────────────→  公司  ────────────────────→  债权人
               有限责任                 无限责任
```

二、公司法人人格否认制度 ☆☆☆☆

（一）制度规则

1. 概念。※①

纵向法人人格否认制度	公司股东滥用公司法人独立地位和股东有限责任，逃避债务，严重损害公司债权人利益的，应当对公司债务承担连带责任
横向法人人格否认制度	股东利用其控制的两个以上公司实施逃避债务、严重损害公司债权人利益行为的，各公司应当对任一公司的债务承担连带责任

---

① 公司法增修考点后均标注 ※ 字样，请考生多加关注。由于新配套的公司法司法解释暂未出台，故部分内容依然按照旧的司法解释进行解读，若大纲发布前公布新司法解释，再进行修订。

2.常见案情：股东具有"滥用权利"行为，包括人格混同[①]、过度支配与控制[②]、资本显著不足[③]等。

（二）诉讼地位列明

人民法院在审理公司人格否认纠纷案件时，应当根据不同情形确定当事人的诉讼地位。

1.债权人对债务人公司享有的债权已经由生效裁判确认，其另行提起公司人格否认诉讼，请求股东对公司债务承担连带责任的，列股东为被告，公司为第三人。

2.债权人对债务人公司享有的债权提起诉讼的同时，一并提起公司人格否认诉讼，请求股东对公司债务承担连带责任的，列公司和股东为共同被告。

3.债权人对债务人公司享有的债权尚未经生效裁判确认，直接提起公司人格否认诉讼，请求公司股东对公司债务承担连带责任的，人民法院应当向债权人释明，告知其追加公司为共同被告。债权人拒绝追加的，人民法院应当裁定驳回起诉。

（三）举证责任分配 ※

原则	谁主张、谁举证即受损害的债权人举证证明存在"法人人格否认"的适用
例外	一人公司举证责任倒置，即只有一个股东的公司，股东不能证明公司财产独立于股东自己的财产的，应当对公司债务承担连带责任

三、公司分类

（一）法定分类

有限责任公司	股东以其**认缴**的出资额为限对公司承担责任，公司以其全部资产对公司债务承担责任的企业法人
股份有限公司	由一定人数以上股东组成，公司全部资本分为等额股份，股东以其认购的股份对公司承担责任，公司以其全部资产对公司债务承担责任的企业法人

（二）学理分类

1.以公司之间的组织关系为标准分类。☆

总—分公司	分公司是指在业务、资金、人事等方面受到本公司管辖而不具有法人资格的分支机构
	分公司不具有法人资格，不能独立承担责任，其民事责任由总公司承担 【有诉讼能力，有缔约能力，无独立承担责任能力】

---

① 认定公司人格与股东人格是否存在混同，最根本的判断标准是公司是否具有独立意思和独立财产，最主要的表现是公司的财产与股东的财产是否混同且无法区分。

② 公司控制股东对公司过度支配与控制，操纵公司的决策过程，使公司完全丧失独立性，沦为控制股东的工具或躯壳，严重损害公司债权人利益，应当否认公司人格，由滥用控制权的股东对公司债务承担连带责任。

③ 资本显著不足指的是，公司设立后在经营过程中，股东实际投入公司的资本数额与公司经营所隐含的风险相比明显不匹配。

（续）

母—子公司	子公司是指一定数额的股份被另一公司控制或依照协议被另一公司实际控制、支配的公司
	子公司具有法人资格，依法独立承担民事责任 【财产独、名义独、责任独】
分（子）公司应当领取营业执照，是独立诉讼主体，可成为独立原告、被告	

2. 以公司股东的责任范围为标准分类：无限责任公司、两合公司、股份两合公司。

3. 以公司股份转让方式为标准分类：封闭式公司、开放式公司。

4. 以公司的信用基础为标准分类：人合公司、资合公司、人资兼合公司。

四、公司权利能力与行为能力

（一）一般规则

公司权利能力与行为能力具有一致性。二者均始于公司营业执照签发之日，终于公司注销登记之日。

（二）超越经营范围订立的合同

1. 原则上，公司经营范围由公司章程规定。公司可以修改章程，变更经营范围，并且办理相应的变更登记。

2. 公司超越经营范围订立的合同，并非当然无效。

（三）公司对外代表 ☆☆ ※

选任	法定代表人按照公司章程的规定，由代表公司执行公司事务的董事或者经理担任
辞任	1. 担任法定代表人的董事或者经理辞任的，视为同时辞去法定代表人
	2. 法定代表人辞任的，公司应当在法定代表人辞任之日起 30 内确定新的法定代表人
执行职务	1. 法定代表人以公司名义从事的民事活动，其法律后果由公司承受
	2. 公司章程或者股东会对法定代表人职权的限制，不得对抗善意相对人
	3. 法定代表人因执行职务造成他人损害的，由公司承担民事责任。公司承担民事责任后，依照法律或者公司章程的规定，可以向有过错的法定代表人追偿

（四）公司对外投资

1. 公司可以向其他企业投资。一般情况下，公司可以作为合伙人，普通合伙人和有限合伙人均可。

2. 公司向其他企业投资，按照公司章程的规定由董事会或者股东会决议。

（五）公司担保 ☆☆☆ ※

1. 内部决议规则

对外担保	公司为他人提供担保，按照公司章程的规定由董事会或者股东会决议

（续）

对内担保	（1）公司为公司股东或者实际控制人提供担保的，必须经股东会决议 （2）被担保的股东或者受实际控制人支配的股东，不得参加对该担保事项进行的表决 （3）该项表决由出席会议的其他股东所持表决权的过半数通过
记忆	保外人：股董决，章程定；保内人：股决议，关联股东表决权排除

2. 越权担保

越权担保	（1）法定代表人未经授权擅自为他人提供担保的，构成越权担保 （2）人民法院应当区分订立合同时债权人是否善意分别认定合同效力：债权人善意的，合同有效；债权人恶意的，合同无效
对善意 相对人 的判断	形式审查	
	对内担保	要求债权人必须对股东会决议进行审查且股东会决议经出席会议的无关联股东所持表决权过半数同意
	对外担保	无论章程如何规定，只要债权人对董事会决议或股东会决议进行了审核即可
无需机关 决议的例 外情况	（1）金融机构开立保函或者担保公司提供担保 （2）公司为其全资子公司开展经营活动提供担保 （3）担保合同系由单独或者共同持有公司 2/3 以上对担保事项有表决权的股东签字同意 上市公司对外提供担保，不适用前款第（2）项、第（3）项的规定	

3. 上市公司特殊规则

规模限制	上市公司在 1 年内购买、出售重大资产或者向他人提供担保的金额超过公司资产总额 30% 的，应当由股东会作出决议，并经出席会议的股东所持表决权的 2/3 以上通过
信赖保护	债权人根据上市公司公开披露的关于担保事项已经董事会或者股东会决议通过的信息订立的担保合同，法院应当认定为有效

第二节　公司的设立

公司的设立是公司设立人依照法定的条件和程序，为组建公司并取得法人资格而必须采取和完成的行为。

一、设立方式

设立方式	有限责任公司	只能采取发起设立的方式，由全体股东出资设立
	股份有限公司	可以采取发起设立或者募集设立的方式

（续）

募集设立	（1）发起人认购股份。发起人认购的股份不得少于公司设立时应发行股份总数的 **35%** （2）**公告招股说明书、制作认股书** （3）**发起人与证券公司签订承销协议，与银行签订代收股款协议** （4）**发起人、认股人缴清股款并验资** （5）召开成立大会 发起人应当在发行股款缴足后 30 日内主持召开成立大会。**成立大会应当由代表股份总数过半数的认股人出席，方可举行。** （6）**董事会授权代表向公司登记机关申请设立登记**
成立大会	成立大会行使下列职权： （1）审议发起人关于公司筹办情况的报告 （2）通过公司章程 （3）选举董事、监事 （4）**对公司的设立费用进行审核** （5）**对发起人以非货币财产出资的作价进行审核** （6）发生不可抗力或者经营条件发生重大变化直接影响公司设立的，可以作出不设立公司的决议 成立大会对前款所列事项作出决议，应当经**出席会议**的认股人所持表决权过半数通过
认股人股款返还	公司设立时应发行的股份未募足，或者发行股份的股款缴足后，发起人在 30 日内未召开成立大会的，认股人可以按照所缴股款并加算银行同期存款利息，要求发起人返还

二、公司登记

公司登记※	1. 公司登记事项包括： （1）名称 （2）住所 （3）注册资本 （4）经营范围 （5）法定代表人的姓名 （6）有限责任公司股东、股份有限公司发起人的姓名或者名称 2. 公司登记机关应当将前款规定的公司登记事项通过国家企业信用信息公示系统向社会公示
	公司登记事项发生变更的，应当依法办理变更登记。公司登记事项未经登记或者未经变更登记，不得对抗善意相对人
营业执照	公司营业执照应当载明公司的**名称、住所、注册资本、经营范围、法定代表人姓名**等事项
公司名称	行政区划＋字号＋行业或经营特点＋组织形式

三、发起人

（一）发起人的概念、人数与资格

1. 概念

概念	为设立公司而签署公司章程、向公司认购出资或者股份并履行公司设立职责的人 自然人、法人、非法人组织、国家均可以作为公司的发起人
考点	（1）发起人应当（可以）签订发起人协议，明确各自在公司设立中的权利和义务 ※ （2）发起人之间属于合伙性质

2. 发起人人数与资格

有限责任公司	1～50人，无资格要求	
股份有限公司	人数	1～200人
	资格要求	（1）半数以上的发起人在中国境内有住所 （2）发起人承担公司筹办事务 （3）发起人签订发起人协议，明确权利与义务 （4）发起人共同制定公司章程

（二）发起人责任与公司责任的区分☆☆☆ ※

情形	责任承担
公司设立时的股东为设立公司从事的民事活动	（1）法律后果由公司承受 （2）公司未成立的，法律后果由公司设立时的股东承受；设立时的股东为2人以上的，享有连带债权，承担连带债务
设立时的股东为设立公司以自己的名义从事民事活动	第三人有权选择请求公司或者公司设立时的股东承担责任
设立时的股东因履行公司设立职责造成他人损害	公司或者无过错的股东承担赔偿责任后，可以向有过错的股东追偿

四、公司章程

概念	公司所必备的，规定其名称、宗旨、资本、组织机构等对内对外事务的基本法律文件
效力	1. 设立公司必须依法制定公司章程 2. 公司章程对公司、股东、董事、监事、高级管理人员具有约束力 3. 公司设立时制定的初始章程，于公司成立时方可生效（设立登记）
变更程序	董事会提议修改→通知其他股东→股东会表决→公司登记机关变更登记（不登记不得对抗善意第三人）

五、公司的资本

（一）公司资本与公司资产

1.公司资本

公司资本也称为股本，它在公司法上的含义是指由公司章程确定并载明的、全体股东的出资总额。公司资本的具体形态包括：注册资本、发行资本、认购资本、实缴资本。

就公司资本制度而言，包含法定资本制与授权股份发行制（授权资本制）。

（1）法定资本制：是指公司设立时，必须在章程中明确规定公司资本总额，并一次性发行，全部认足或募足。注册资本＝章定资本（章程记载资本）＝发行资本＝认购资本。

（2）授权股份发行制：公司设立时公司章程记载公司资本总额，而股东（发起人）仅需要认足发行资本总额中由公司章程规定部分的资本总额，因此，在授权资本制国家，注册资本不等于其股东首次认购资本，其公司资本项下区分章定资本、发行资本、认购资本等不同形态。就剩余的待认购余额资本部分，可授权董事会根据公司营业状况或市场情况随时发行。在我国股份有限公司实施授权股份发行制下，章定资本≥发行资本≥认购资本。

2.公司资产

公司资产是公司拥有或控制的能以货币计量的经济资源，包括各种财产、债权和其他权利。

公司的信用特别是公司的偿债能力其实与公司成立时的注册资本关系甚微，因为公司是以其全部资产（而不是注册资本）对外承担债务清偿责任的。

3.注册资本☆☆※

共同规则	无最低注册资本要求、无货币出资比例要求
有限责任公司	（1）有限责任公司的**注册资本**为在公司登记机关登记的全体股东**认缴**的出资额 （2）全体股东认缴的出资额由股东按照公司章程的规定自公司成立之日起**5 年内缴足**
股份有限公司	（1）股份有限公司的注册资本为在公司登记机关登记的**已发行股份的股本总额**。在发起人认购的股份缴足前，不得向他人募集股份 （2）发起人应当在公司成立前按照其认购的股份全额缴纳股款

（二）出资方式☆☆☆☆※

出资方式※	股东可以用货币出资，也可以用实物、知识产权、土地使用权、股权、**债权**等可以用货币估价并可以依法转让的非货币财产作价出资；但是，法律、行政法规规定不得作为出资的财产除外
货币	1.**无金额限制、无须评估** 2.无来源限制。占有即所有（出资人以贪污、受贿、侵占、挪用等违法犯罪所得的货币出资后取得股权的，对违法犯罪行为予以追究、处罚时，应当采取**拍卖或者变卖的方式处置其股权**）

（续）

非货币	1. 以非货币财产出资的，应当依法办理财产的转移手续
	2. 出资人以不享有处分权的财产出资，参照无权处分认定
	3. 以知识产权、土地使用权、房屋等出资：交付 + 登记 （1）已交付，但未登记的，应当登记，自交付之日实际享有相应的股东权利 （2）已登记，但未交付的，应当交付，实际交付前不享有相应的股东权利
股权	出资人以其他公司股权出资，需要同时满足以下条件： （1）出资的股权由出资人合法持有并依法可以转让 （2）出资的股权无权利瑕疵或者权利负担 （3）出资人已履行关于股权转让的法定手续 （4）出资的股权已依法进行了价值评估 记忆：合法性 + 无瑕疵 + 手续全 + 已评估
债权	依照《民法典》"债权转让"规则处理
土地使用权	1. 以出让方式获得的国有土地使用权、集体经营性建设用地使用权可以出资 2. 该土地使用权上无权利负担

（三）出资瑕疵及其法律后果☆☆☆☆ ※

表现形式	1. 股东未按期足额缴纳出资 2. 公司设立时，实际出资的非货币财产的实际价额显著低于所认缴的出资额①
对公司的责任承担 ※	补足出资（其他发起人承担连带责任）+ 赔偿： （1）应当向公司足额缴纳，设立时的其他股东与该股东在出资不足的范围内承担连带责任 （2）给公司造成损失的应当承担赔偿责任
对债权人的责任承担	承担补充赔偿责任（出资不足范围内），其他发起人承担连带责任： （1）公司债权人可以要求瑕疵出资的股东在瑕疵出资本息范围内对公司债务不能清偿部分承担补充赔偿责任 （2）股东已经承担上述责任，其他债权人提出相同请求的，法院不予支持 （3）公司的发起人与该出资瑕疵股东承担连带责任 （4）发起人承担责任后，可以向瑕疵出资股东追偿

（四）催缴制度 ※

董事会核查与催缴	1. 公司成立后，董事会应当对股东的出资情况进行核查 2. 发现股东未按期足额缴纳公司章程规定的出资的，应当由公司向该股东发出书面催缴书，催缴出资 3. 未及时履行前述义务，给公司造成损失的，负有责任的董事应当承担赔偿责任
宽限期	公司依照前述催缴制度发出书面催缴书催缴出资的，可以载明缴纳出资的宽限期；宽限期自公司发出催缴书之日起，不得少于 60 日

---

① 注意：公司成立后由市场原因导致的财产贬值，不属于出资瑕疵。

（续）

失权通知	1. 宽限期届满，股东仍未履行出资义务的，公司经董事会决议可以向该股东发出失权通知 2. 通知应当以书面形式发出 3. 自通知发出之日起，该股东丧失其未缴纳出资的股权
对失权股权的处理	依照前述规定丧失的股权应当依法转让，或者相应减少注册资本并注销该股权；6 个月内未转让或者注销的，由公司其他股东按照其出资比例足额缴纳相应出资
异议处理	股东对失权有异议的，应当自接到失权通知之日起 30 日内，向人民法院提起诉讼

（五）瑕疵股权转让出资义务的承担

原则	未按照公司章程规定的出资日期缴纳出资或者作为出资的非货币财产的实际价额显著低于所认缴的出资额的股东转让股权的，转让人与受让人在出资不足的范围内承担连带责任
例外	受让人不知道且不应当知道存在上述情形的，由转让人承担责任

（六）未届出资缴纳期限股权转让出资义务的承担

受让人承担	股东转让已认缴出资但未届出资期限的股权的，由受让人承担缴纳该出资的义务
转让人补充	受让人未按期足额缴纳出资的，转让人对受让人未按期缴纳的出资承担补充责任

（七）非破产加速到期

公司不能清偿到期债务的，公司或者已到期债权的债权人有权要求已认缴出资但未届出资期限的股东提前缴纳出资。

第三节　公司的股东与股东权利

一、股东资格的一般认定 ☆☆

股东是指向公司出资、持有公司股份、享有股东权利和承担股东义务的人。

	股东名册	记载于股东名册的股东，可以依照股东名册主张行使股东权利。股东名册是股东身份或者资格的法定证明文件
形式要件	公司登记	1. 公司应当将股东的姓名或者名称向公司登记机关登记 2. 登记事项发生变更的，应当办理变更登记。未经登记或者变更登记，不得对抗善意相对人
	出资证明书	出资证明书是证权证书。有限责任公司成立后，应当向股东签发出资证明书，出资证明书由法定代表人签名，并由公司盖章
综合认定		当事人之间对股权归属发生争议，一方请求法院确认其享有股权的，应当证明以下事实之一： 已经向公司出资或者认缴出资，且不违反法律、行政法规的强制性规定 已经受让或者以其他形式继受公司股权，且不违反法律、行政法规的强制性规定

二、股东资格的特殊问题☆☆☆☆

（一）实际出资人与名义股东（有限责任公司）

1.定义

（1）名义股东是指登记于股东名册及公司登记机关的登记文件，但事实上并没有向公司出资的人。

（2）实际出资人是实际出资并实际享有股东权利，但其姓名或者名称并未记载于公司股东名册及公司登记机关的登记文件的人，也即公司的真实出资人。

2.具体规则

实际出资人—名义股东	（1）承认代持股协议的效力 （2）实际出资人可以其实际履行了出资义务为由向名义股东主张权利，即"投资权益"属于实际出资人而非名义股东
实际出资人—公司	（1）一般规则：实际出资人请求公司改变股东名义，应当经其他股东半数以上同意（原则） （2）自动上浮：实际出资人能够提供证据证明有限责任公司过半数的其他股东知道其实际出资的事实，且对其实际行使股东权利未曾提出异议的，对实际出资人提出的登记为公司股东的请求，人民法院依法予以支持（例外）
名义股东处分股权	名义股东将登记于其名下的股权转让、质押或者其他方式处分： （1）定性→有权处分 （2）处理规则：受让人符合善意取得构成要件时，可以取得股权 （3）实际出资人可以请求名义股东承担赔偿责任
与债权人的关系	当公司债务不能清偿时，债权人可以请求名义股东在未出资本息范围内承担补充赔偿责任。名义股东承担赔偿责任后，可以向实际出资人追偿

（二）冒名股东☆

冒名登记行为人应当承担相应责任。

（三）一股二卖☆☆

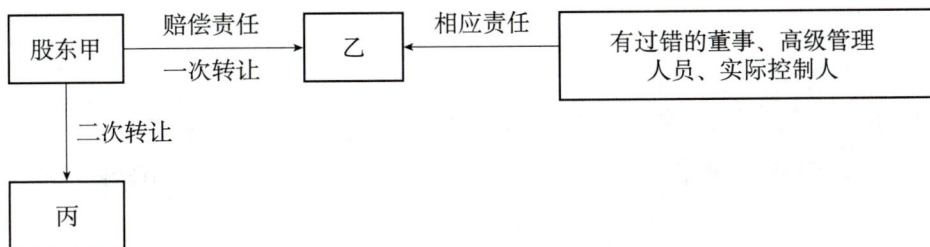

一股二卖，是指股权转让后尚未向公司登记机关办理变更登记，原股东又将登记于

其名下的股权转让、质押或者以其他方式处分的行为。

对一股二卖的处理规则：

（1）合同有效，股权转让效力参照善意取得制度处理。

（2）原股东处分股权造成受让股东损失，受让股东可以请求原股东承担赔偿责任，对未及时办理变更登记有过错的董事、高级管理人员或者实际控制人承担相应责任；受让股东对于未及时办理变更登记也有过错的，可以适当减轻上述董事、高级管理人员或者实际控制人的责任。

（四）股东资格诉讼☆☆

股东资格纠纷，均以公司为被告，与案件争议股权有利害关系的人作为第三人参加诉讼。

三、股东权利☆☆☆

股东权利简称股权，是指公司股东依据法律和公司章程享有的自益权和共益权的总称。

	股东权利	有限责任公司	股份有限公司
自益权	利润分配请求权	按照实缴出资比例分配利润，全体股东约定可排除	按照股东持有的股份比例分配利润，公司章程另有规定的除外
	新股优先认购权	股东有权优先按照实缴的出资比例认缴出资，全体股东约定可排除	无优先认购权
	优先购买权	股东向股东之外的人转让股权时，其他股东有同等条件下的优先购买权	无优先购买权
	剩余财产分配请求权		
共益权	知情权	股东可以要求查阅公司会计账簿，会计凭证，但不能复制	股份公司连续180以上单独或者合计持有公司3%以上股份的股东有权查阅公司的会计账簿、会计凭证[①]
		有权查阅、复制→公司章程、股东名册、股东会会议记录、董事会会议决议、监事会会议决议、财务会计报告	
	表决权	按出资比例行使表决权；但是，公司章程另有规定的除外	出席会议的股东一股一权
		以投票表决的方式通过股东会行使	
	选择权	选举和更换非由职工代表担任的董事、监事	

四、股东诉权☆☆☆☆

（一）知情权之诉☆☆☆ ※

股东可以要求查阅公司会计账簿、会计凭证。

程序要求	股东要求查阅公司会计账簿、会计凭证的，应当向公司提出书面请求，说明目的

---

① 公司章程对持股比例有较低规定的，从其规定。

（续）

不正当目的可驳回	公司有合理根据认为股东查阅会计账簿、会计凭证有不正当目的，可能损害公司合法利益的，可以拒绝提供查阅，并应当自股东提出书面请求之日起 15 日内书面答复股东并说明理由
不正当目的可驳回	不正当目的包括： （1）股东自营或者为他人经营与公司主营业务有实质性竞争关系业务的，但公司章程另有规定或者全体股东另有约定的除外 （2）股东为了向他人通报有关信息查阅公司会计账簿，可能损害公司合法利益的 （3）股东在向公司提出查阅请求之日前 3 年内，曾通过查阅公司会计账簿，向他人通报有关信息损害公司合法利益的 （4）股东有不正当目的的其他情形
诉权	公司拒绝提供查阅的，股东可以向人民法院提起诉讼
允许委托专业人士查询	股东查阅规定的材料，可以委托会计师事务所、律师事务所等中介机构进行
查阅范围扩展到全资子公司	股东要求查阅、复制公司全资子公司相关材料的，适用上述所有规则

（二）利润分配请求权 ☆ ☆ ☆

1. 公司财务会计报告：公司应当在每一会计年度终了时编制财务会计报告，并依法经会计师事务所审计。

2. 公司的收益分配制度

弥补亏损	在公司已有的法定公积金不足以弥补以前年度亏损时，先用当年利润弥补亏损
提取法定公积金	见下文公积金制度部分
提取任意公积金	公司从税后利润中提取法定公积金后，经股东会决议，还可以从税后利润中提取任意公积金
支付股利	公司弥补亏损和提取公积金后所余税后利润，有限责任公司按照股东实缴的出资比例分配利润，全体股东约定不按照出资比例分配利润的除外；股份有限公司按照股东所持有的股份比例分配利润，公司章程另有规定的除外
	公司持有的本公司股份不得分配利润
违法分配	公司违反《公司法》规定向股东分配利润的，股东应当将违反规定分配的利润退还公司；给公司造成损失的，股东及负有责任的董事、监事、高级管理人员应当承担赔偿责任

3. 公积金制度

含义	公积金是指公司根据法律和公司章程的规定提留备用，不作为股利分配的部分所得或收益
分类	（1）根据来源可分为盈余公积金和资本公积金 （2）根据提取依据可分为法定公积金和任意公积金
提取	（1）公司分配当年税后利润时，应当提取利润的 10% 列入公司法定公积金 （2）公司法定公积金累计额为公司注册资本的 50% 以上的，可以不再提取 （3）法定公积金转为资本时，所留存的该项公积金不得少于转增前公司注册资本的 25%

（续）

使用	（1）公司的公积金用于弥补公司的亏损、扩大公司生产经营或者转为增加公司注册资本 （2）公积金弥补公司亏损，应当先使用任意公积金和法定公积金；仍不能弥补的，可以按照规定使用资本公积金 ※

4. 利润分配请求权之诉

当事人	原告：股东 被告：公司
	其他股东：在一审法庭辩论结束前，提出相同的诉讼请求的，列为共同原告
依据 （股东会决议）	（1）具体利润分配请求权之诉：股东提交载明具体分配方案的股东会的有效决议，请求公司分配利润，公司拒绝分配利润且其关于无法执行决议的抗辩理由不能成立的，判决公司分配利润 （2）抽象利润分配请求权之诉：股东未提交载明具体分配方案的股东会决议，请求公司分配利润的，人民法院应当驳回其诉讼请求，但违反法律规定滥用股东权利导致公司不分配利润，给其他股东造成损失的除外
利润分配期限 ※	股东会作出分配利润的决议的，董事会应当在股东会决议作出之日起 6 个月内进行分配

（三）股东代表诉讼与股东直接诉讼☆☆☆

1. 股东代表诉讼

（1）基本规则

概念	股东代表诉讼，又称派生诉讼、股东代位诉讼，是指当公司的合法权益受到不法侵害而公司却怠于起诉时，公司的股东即以自己的名义起诉，而所获赔偿归于公司的一种诉讼形态
主体	① 有限责任公司的股东 ② 股份有限公司连续 180 日单独或联合持有 1% 以上股份的股东
适用情形	董事、监事、高级管理人员、其他人侵害公司利益
救济路径	【第 1 步】"交叉请求"。董事、高级管理人员或者第三人侵害公司利益，股东可以书面请求监事会或者不设监事会的有限责任公司的监事向法院提起诉讼；监事有该种情形的，前述股东可以书面请求董事会或者不设董事会的有限责任公司的董事向法院提起诉讼 【第 2 步】上述董事会（监事会）接受股东书面请求，则公司提起诉讼，原告是公司，监事会主席或董事长为诉讼代表人；被告是侵权人 【第 3 步】若前置程序失灵（董事会/监事会收到上述规定的股东书面请求后拒绝提起诉讼，或者自收到请求之日起 30 日内未提起诉讼，或者情况紧急，不立即提起诉讼将会使公司利益受到难以弥补的损害的），上述规定的股东有权为了公司的利益以自己的名义直接向法院提起诉讼

（2）诉讼中的具体安排

当事人	① 股东为原告，加害人为被告，公司作为第三人参加诉讼 ② 一审法庭辩论终结前，符合条件的其他股东，以相同的诉讼请求申请参加诉讼的，应当列为共同原告
反诉	① 提起股东代表诉讼后，被告以原告股东恶意起诉，侵犯其合法权益为由提起反诉的，人民法院应予受理 ② 被告以公司在案涉纠纷中应当承担侵权或者违约等责任为由对公司提出的反诉，因不符合反诉的要件，人民法院应当裁定不予受理；已经受理的，裁定驳回起诉
诉讼中调解	① 只有在调解协议经公司股东会、董事会决议通过后，人民法院才能出具调解书予以确认 ② 具体决议机关，取决于公司章程的规定；公司章程没有规定的，应当以股东会为决议机关
后果	股东代表诉讼的后果由公司承担，归于公司，股东不得请求被告直接向其承担民事责任
	股东胜诉或部分胜诉后，可以请求公司承担合理的律师费以及为诉讼支出的调查费、评估费、公证费等合理费用

（3）双层股东代表诉讼制度 ※

公司全资子公司的董事、监事、高级管理人员有《公司法》第188条规定情形，或者他人侵犯公司全资子公司合法权益造成损失的，有限责任公司的股东、股份有限公司连续180天以上单独或者合计持有公司1%以上股份的股东，可以依照前述股东代表诉讼规定书面请求全资子公司的监事会、董事会向人民法院提起诉讼或者以自己的名义直接向人民法院提起诉讼。

（四）决议效力瑕疵诉讼☆☆☆

股东会、董事会决议的效力，根据《公司法》的规定可分为:决议不成立、决议无效、决议可撤销、决议有效。

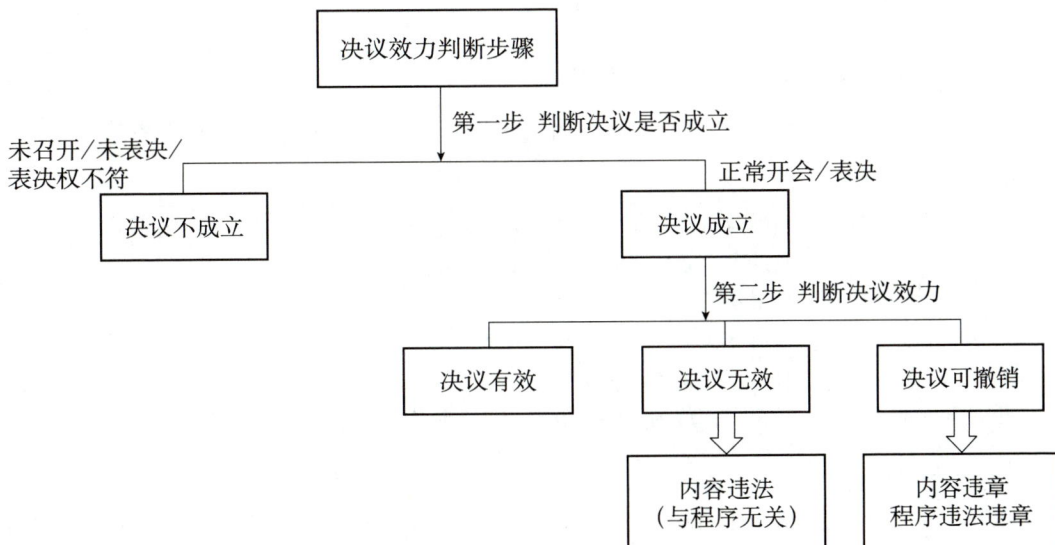

```
                    ┌──────────────┐
                    │ 决议效力判断步骤 │
                    └──────┬───────┘
                           │
                  第一步 判断决议是否成立
                           │
未召开/未表决/    ┌────────┴────────┐   正常开会/表决
表决权不符       │                 │
         ┌──────┴──────┐   ┌──────┴──────┐
         │  决议不成立  │   │  决议成立   │
         └─────────────┘   └──────┬──────┘
                                  │
                          第二步 判断决议效力
                                  │
              ┌───────────────────┼───────────────────┐
        ┌─────┴─────┐       ┌─────┴─────┐       ┌──────┴──────┐
        │  决议有效  │       │  决议无效  │       │  决议可撤销  │
        └───────────┘       └─────┬─────┘       └──────┬──────┘
                                  │                    │
                          ┌───────┴───────┐    ┌───────┴───────┐
                          │   内容违法     │    │   内容违章     │
                          │ （与程序无关） │    │ 程序违法违章   │
                          └───────────────┘    └───────────────┘
```

1.决议效力瑕疵分类

类型	情形
决议不成立	有下列情形之一的，公司股东会、董事会的决议不成立： （1）未召开股东会、董事会会议作出决议 [①] （2）股东会、董事会会议未对决议事项进行表决 （3）出席会议的人数或者所持表决权数未达到《公司法》或者公司章程规定的人数或者所持表决权数 （4）同意决议事项的人数或者所持表决权数未达到《公司法》或者公司章程规定的人数或者所持表决权数
决议无效	决议内容违反法律、行政法规
决议撤销事由	（1）会议召集程序、表决方式违反法律、行政法规或者公司章程，或者决议内容违反公司章程 （2）轻微瑕疵撤销豁免（可撤销的裁量驳回制度）：股东会、董事会的会议召集程序或者表决方式仅有轻微瑕疵，对决议未产生实质影响的不撤销

2.决议效力瑕疵诉讼 ※

	确认之诉	可撤销之诉
时效	—	（1）股东自决议作出之日起60日内，可以请求人民法院撤销 （2）未被通知参加股东会会议的股东自知道或者应当知道股东会决议作出之日起60日内，可以请求人民法院撤销；自决议作出之日起1年内没有行使撤销权的，撤销权消灭
原告	利害关系人	股东（起诉时具有股东资格）
被告	公司	
后果	（1）公司股东会、董事会决议被人民法院宣告无效、撤销或者确认不成立的，公司应当向公司登记机关申请撤销根据该决议已办理的登记 （2）股东会、董事会决议被人民法院宣告无效、撤销或者确认不成立的，公司根据该决议与善意相对人形成的民事法律关系不受影响	

五、股东义务 ☆☆

一般义务：（1）出资义务；（2）不得抽逃出资；（3）不得干涉公司正常经营；（4）不得滥用职权。

对抽逃出资的认定	1.制作虚假财务会计报表虚增利润进行分配 2.通过虚构债权债务关系将其出资转出 3.利用关联交易将出资转出 4.其他未经法定程序将出资抽回的行为
抽逃出资的后果	1.股东应当返还抽逃的出资 2.给公司造成损失的，负有责任的董事、监事、高级管理人员应当与该股东承担连带赔偿责任

---

① 但依据会签制度或者公司章程规定可以不召开股东会而直接作出决定，并由全体股东在决定文件上签名、盖章的除外。

第四节 公司的董事、监事、高级管理人员☆☆

一、董事、监事、高级管理人员的范围及任职资格

高级管理人员的范围	公司的**经理、副经理、财务负责人、上市公司董事会秘书和公司章程**规定的其他人员
担任董事、监事、高级管理人员的消极条件	1. 无民事行为能力或者**限制**民事行为能力 2. 因贪污、贿赂、侵占财产、挪用财产或者破坏社会主义市场经济秩序，被判处刑罚，或者因犯罪被剥夺政治权利，执行期满**未逾5年，被宣告缓刑的，自缓刑考验期满之日起未逾2年** ※ 3. 担任破产清算的公司、企业的**董事或者厂长、经理**，对该公司、企业的破产**负有个人责任的**，自该公司、企业破产清算完结之日起**未逾3年** 4. 担任因违法被吊销营业执照、责令关闭的公司、企业的**法定代表人**，并**负有个人责任的**，自该公司、企业被吊销营业执照、责令关闭之日起**未逾3年** 5. **个人所负数额较大的债务到期未清偿，被人民法院列为失信被执行人** 公司**违反**前款规定选举、委派董事、监事或者聘任高级管理人员的，该选举、委派或者聘任无效。董事、监事、高级管理人员**在任职期间**出现上述情形的，公司应当**解除**其职务

二、董事、监事、高级管理人员的义务和责任★ ※

董事、监事、高级管理人员的**共有义务**	**董事、监事、高级管理人员**对公司负有**忠实义务**[①]和**勤勉义务**[②]
禁止行为	董事、监事、高级管理人员不得有下列行为： （1）侵占公司财产、挪用公司资金 （2）将公司资金以其个人名义或者以其他个人名义开立账户存储 （3）利用职权贿赂或者收受其他非法收入 （4）接受他人与公司交易的佣金归为己有 （5）擅自披露公司秘密 （6）违反对公司忠实义务的其他行为
自我交易	1. 董事、监事、高级管理人员，直接或者间接与本公司订立合同或者进行交易，应当就与订立合同或者进行交易有关的事项**向董事会或者股东会报告**，并按照公司章程的规定经董事会或者股东会**决议通过** 2. 董事、监事、高级管理人员的近亲属，董事、监事、高级管理人员或者其近亲属直接或者间接控制的企业，以及与董事、监事、高级管理人员有其他关联关系的关联人，与公司订立合同或者进行交易，适用前述规定

[①] 董事、监事、高级管理人员对公司负有忠实义务，应当采取措施避免自身利益与公司利益冲突，不得利用职权牟取不正当利益。

[②] 董事、监事、高级管理人员对公司负有勤勉义务，执行职务应当为公司的最大利益尽到管理者通常应有的合理注意。

（续）

对谋取公司商业机会的限制	董事、监事、高级管理人员，不得利用职务便利为自己或者他人谋取属于公司的商业机会。但是，有下列情形之一的除外： （1）向董事会或者股东会报告，并按照公司章程的规定经董事会或者股东会决议通过 （2）根据法律、行政法规或者公司章程的规定，公司不能利用该商业机会
同业竞争	董事、监事、高级管理人员未向董事会或者股东会报告，并按照公司章程的规定经董事会或者股东会决议通过，不得自营或者为他人经营与其任职公司同类的业务
关联董事表决权排除	董事会对自我交易、谋取公司商业机会、同业竞争事项作出决议时，关联董事不得参与表决，其表决权不计入表决权总数。出席董事会会议的无关联关系董事人数不足 3 人的，应当将该事项提交股东会审议
归入权	董事、监事、高级管理人员违反上述规定所得的收入应当归公司所有

三、董事责任保险

公司可以在董事任职期间为董事因执行公司职务承担的赔偿责任投保董事责任保险。董事会应当向股东会报告责任保险的内容。

第五节 公司的变更、合并、分立、增资、减资与解散、清算

一、公司组织形式变更

有限责任公司变更为股份有限公司时，折合的实收股本总额不得高于公司净资产额。有限责任公司变更为股份有限公司，为增加资本公开发行股份时，应当依法办理。

二、公司合并与分立

概念	合并		合并是指两个或两个以上的公司、订立合并协议、依照《公司法》的规定，不经过清算的程序，直接结合为一个公司的法律行为，包括吸收合并①和新设合并②
		特殊规则※	1. 公司与其持股 90% 以上的公司合并，被合并的公司不需经股东会决议，但应当通知其他股东，其他股东有权请求公司按照合理的价格收购其股权或者股份
			2. 公司合并支付的价款不超过本公司净资产 10% 的，可以不经股东会决议；但是，公司章程另有规定的除外
			3. 公司依照上述规定合并不经股东会决议的，应当经董事会决议
	分立		分立是指一个公司通过依法签订分立协议，不经过清算程序，分为两个或两个以上公司的法律行为，包括派生分立和新设分立

---

① 一个公司吸收其他公司为吸收合并，被吸收的公司解散。
② 两个以上公司合并设立一个新的公司为新设合并，合并各方解散。

（续）

相同规则		1. 均需董事会制定方案提交股东会表决，2/3 以上表决权通过（合并中的特殊规则是例外） 2. 均需要编制资产负债表和财产清单 3. 均不需要进行法定清算 4. 均需要自决议作出之日起 10 日内通知债权人，并于 30 日内在报纸或者国家企业信用信息公示系统公告
不同规则	合并	1. 债权人自接到通知书之日起 30 日内，未接到通知书的自公告之日起 45 日内，可以要求公司清偿债务或者提供相应的担保 2. 合并各方的债权、债务，应当由合并后存续的公司或者新设的公司承继
	分立	公司分立前的债务由分立后的公司承担连带责任。但是，公司在分立前与债权人就债务清偿达成的书面协议另有约定的除外

三、公司增资

方式	有限责任公司	有限责任公司增加注册资本时，股东在同等条件下有权优先按照实缴的出资比例认缴出资。但是，全体股东约定不按照出资比例优先认缴出资的除外
	股份有限公司	股份有限公司为增加注册资本发行新股时，股东不享有优先认购权，公司章程另有规定或者股东会决议决定股东享有优先认购权的除外
法律责任		有限责任公司增加注册资本时，股东认缴新增资本的出资，依照《公司法》设立有限责任公司缴纳出资的有关规定执行 ※

四、公司减资

一般减资	1. 公司减少注册资本，应当编制资产负债表及财产清单 2. 公司应当自股东会作出减少注册资本决议之日起 10 日内通知债权人，并于 30 日内在报纸上或者国家企业信用信息公示系统公告。债权人自接到通知之日起 30 日内，未接到通知的自公告之日起 45 日内，有权要求公司清偿债务或者提供相应的担保 3. 公司减少注册资本，应当按照股东出资或者持有股份的比例相应减少出资额或者股份，法律另有规定、有限责任公司全体股东另有约定或者股份有限公司章程另有规定的除外
简易减资（以补亏为目的的减资）※	1. 公司依照规定弥补亏损后，仍有亏损的，可以减少注册资本弥补亏损。减少注册资本弥补亏损的，公司不得向股东分配，也不得免除股东缴纳出资或者股款的义务 2. 依照前述规定减少注册资本的，不适用通知公告债权人的规定，但应当自股东会作出减少注册资本决议之日起 30 日内在报纸上或者国家企业信用信息公示系统公告 3. 公司依照前两项的规定减少注册资本后，在法定公积金和任意公积金累计额达到公司注册资本 50% 前，不得分配利润
违法减资	1. 违法减资的，股东应当退还其收到的资金，减免股东出资的应当恢复原状 2. 给公司造成损失的，股东及负有责任的董事、监事、高级管理人员应当承担赔偿责任

五、公司解散

公司解散是指已成立的公司基于一定合法事由而使公司消灭的法律行为，包括一般解散、强制解散、司法解散。

（一）前提→公司僵局

公司僵局	公司经营管理发生严重困难，继续存续会使股东利益受到重大损失，通过其他途径不能解决的，持有公司全部股东表决权 10% 以上的股东，可以请求人民法院解散公司
对公司僵局的理解	1. 公司持续 2 年以上无法召开股东会，公司经营管理发生严重困难的 2. 股东表决时无法达到法定或者公司章程规定的比例，持续 2 年以上不能作出有效的股东会决议，公司经营管理发生严重困难的 3. 公司董事长期冲突，且无法通过股东会解决，公司经营管理发生严重困难的 4. 经营管理发生其他严重困难，公司继续存续会使股东利益受到重大损失的情形

（二）司法解散之诉

原告	1. 单独或者合计持有公司全部股东表决权 10% 以上的股东 2. 其他股东可以申请以共同原告或第三人身份参加诉讼
被告	1. 应当以公司为被告 2. 原告以其他股东为被告一并提起诉讼的，法院应当告知原告将其他股东变更为第三人
先解散，后清算	股东提起解散公司诉讼，同时又申请人民法院对公司进行清算的，人民法院对其提出的清算申请不予受理
诉讼保全	股东提起解散公司诉讼时，向法院申请财产保全或者证据保全的，在股东提供担保且不影响公司正常经营的情形下，法院可以予以保全
诉讼调解	1. 法院审理解散公司诉讼案件，应当注重调解 2. 经法院调解公司收购原告股份的，公司应当自调解书生效之日起 6 个月内将股份转让或注销

六、公司清算

（一）清算程序

清算是终结已解散公司的一切法律关系，处理公司剩余财产的程序。

成立清算组	自行清算 ※	1. 公司解散后，应当清算。董事为公司清算义务人，应当在解散事由出现之日起 15 日内组成清算组进行清算 2. 清算组由董事组成，但是公司章程另有规定或者股东会决议另选他人的除外 3. 清算义务人未及时履行清算义务，给公司或者债权人造成损失的，应当承担赔偿责任
	指定清算	1. 公司依照自行清算规定应当清算，逾期不成立清算组进行清算或者成立清算组后不清算的，利害关系人可以申请人民法院指定有关人员组成清算组进行清算。人民法院应当受理该申请，并及时组织清算组进行清算 2. 公司因被吊销营业执照等原因而解散的，作出吊销营业执照、责令关闭或者撤销决定的部门或者公司登记机关，可以申请人民法院指定有关人员组成清算组进行清算
通知、公告债权人申报债权		1. 清算组应当自成立之日起 10 日内通知债权人，并于 60 日内在报纸上或者国家企业信用信息公示系统公告 2. 债权人应当自接到通知书之日起 30 日内，未接到通知书的自公告之日起 45 日内，向清算组申报其债权 3. 在申报债权期间，清算组不得对债权人进行清偿
清算财产		清理财产、清偿债务，资不抵债时向法院申请宣告破产，法院裁定破产后，将清算事务移交给法院指定的破产管理人
清算顺序		清算费用→职工债权→税款→公司债务→股东分配剩余财产
清算终结		公司清算结束后，清算组应当制作清算报告，报股东会或者人民法院确认，并报送公司登记机关，申请注销公司登记
清算义务人责任		清算组成员怠于履行清算职责，给公司造成损失的，应当承担赔偿责任；因故意或者重大过失给债权人造成损失的，应当承担赔偿责任

（二）诉讼当事人

1. 企业法人解散，清算并注销前，以该企业法人为当事人。
2. 未依法清算即被注销的，以该企业法人的股东、发起人或者出资人为当事人。
3. 公司成立清算组的，由清算组负责人代表公司参加诉讼。
4. 尚未成立清算组的，由原法定代表人参加诉讼。

（三）强制注销

公司被吊销营业执照、责令关闭或者被撤销，满 3 年未向公司登记机关申请注销公司登记的：

1. 公司登记机关可以通过国家企业信用信息公示系统予以公告，公告期限不少于 60 日。公告期限届满后，未有异议的，公司登记机关可以注销公司登记。
2. 依照上述规定注销公司登记的，原公司股东、清算义务人的责任不受影响。

（四）简易注销 ※

1. 公司在存续期间未产生债务，或者已清偿全部债务的，经全体股东承诺，可以按照规定通过简易程序注销公司登记。

2.通过简易程序注销公司登记，应当通过国家企业信用信息公示系统予以公告，公告期限不少于 20 日。公告期限届满后，未有异议的，公司可以在 20 日内向公司登记机关申请注销公司登记。

3.公司通过简易程序注销公司登记，股东对公司债权债务清偿内容承诺不实的，应当对注销登记前的债务承担连带责任。

第六节 有限责任公司与股份有限公司

一、两类公司的概念与特征

	有限责任公司	股份有限公司
概念	股东以其认缴的出资额为限对公司承担责任，公司以其全部资产对公司债务承担责任的企业法人	由一定人数以上股东组成，公司全部资本分为等额股份，股东以其认购的股份对公司承担责任，公司以其全部资产对公司债务承担责任的企业法人
股东人数	1～50 个股东	发起人 1～200 人，股东人数无限制
设立方式	发起设立	发起设立或募集设立
股份转让	对外转让，其他股东有优先购买权	原则上可自由转让
开放程度	封闭性（设立程序、经营状况）	开放性和社会性
法律规划	以任意性规范为主	以强制性规范为主

二、股权转让规则

（一）有限责任公司股权转让规则

1. 协议转让

（1）章程优先

公司章程对股权转让另有规定的，从其规定。

（2）股东之间转让股权

有限责任公司的股东之间可以自由转让股权；其他股东无优先购买权。

（3）股东向第三人转让股权 ※

通知	股东向股东以外的人转让股权的，应当将股权转让的数量、价格、支付方式和期限等事项书面通知其他股东
优先购买权的行使	①其他股东在同等条件下有优先购买权。股东自接到书面通知之日起 30 日内未答复的，视为放弃优先购买权 ②两个以上股东行使优先购买权的，协商确定各自的购买比例；协商不成的，按照转让时各自的出资比例行使优先购买权
转让股东反悔	在其他股东主张优先购买权后，转让股东明确表示放弃转让的，其他股东无优先购买权，转让股东赔偿其他股东损失

（续）

对损害优先购买权的救济	①有限责任公司的股东向股东以外的人转让股权，未就其股权转让事项征求其他股东意见，或者以欺诈、恶意串通等手段，损害其他股东的优先购买权，其他股东可以主张按照同等条件购买该转让股权；其他股东自知道或者应当知道行使优先购买权的同等条件之日起 30 日内没有主张，或者自股权变更登记之日起超过 1 年，则不再享有优先购买权 ②上述情形中其他股东不得仅提出确认股权转让合同及股权变动效力等请求，而不同时主张按照同等条件购买转让股权，但其他股东非因自身原因导致无法行使优先购买权，请求损害赔偿的除外
对第三人的救济	股东以外的股权受让人，因股东行使优先购买权而不能实现合同目的的，可以依法请求转让股东承担相应民事责任

（4）变更登记 ※

①股东转让股权的，应当书面通知公司，请求变更股东名册；需要办理变更登记的，请求公司向公司登记机关办理变更登记。公司拒绝或者在合理期限内不予答复的，转让人、受让人可以依法向人民法院提起诉讼。

②股权转让的，受让人自记载于股东名册时起可以向公司主张行使股东权利。

2. 强制执行

人民法院依照法律规定的强制执行程序转让股东的股权时，应当通知公司及全体股东，其他股东在同等条件下有优先购买权。其他股东自人民法院通知之日起满 20 日不行使优先购买权的，视为放弃优先购买权。

3. 纵向回购 ☆☆

纵向回购包括因异议股东回购请求权的行使引发的股权回购以及因控股股东滥用权利导致的股权回购。

（1）异议股东回购请求权

异议股东回购请求权是指在法定情况下，对股东会决议投反对票的股东可以请求公司按照合理的价格收购其股权。

条件（满足以下之一即可）	①公司连续 5 年不向股东分配利润，而公司该 5 年连续盈利，并且符合《公司法》规定的分配利润条件的 ②公司合并、分立、转让主要财产的 ③公司章程规定的营业期限届满或者章程规定的其他解散事由出现，股东会会议通过决议修改章程使公司存续的
主体	对股东会该项决议投反对票的股东，以及非因本人过错而未能出席股东会的异议股东
程序	①协商：自股东会会议决议通过之日起 60 日内向公司提出回购股份请求 ②起诉：协商不成，股东可以自股东会会议决议通过之日起 90 日内向人民法院提起诉讼

（2）控股股东滥用权利导致的股权回购 ※

公司的控股股东滥用股东权利，严重损害公司或者其他股东利益的，其他股东有权请求公司按照合理的价格收购其股权。

（3）股权回购后的处理

公司因法律规定的情形回购的本公司股权，应当在 6 个月内依法转让或者注销。

4. 死亡继承

自然人股东死亡后，其<u>合法继承人</u>可以继承股东资格；但是，公司章程另有规定的除外。

（二）股份有限公司股份的发行与转让规则

1. 股份发行
（1）股份发行类别 ※

面额股与无面额股	择一选择	公司的全部股份，根据公司章程的规定择一采用面额股或者无面额股。采用面额股的，每一股的金额相等	
	相互转换	公司可以根据公司章程的规定将已发行的面额股全部转换为无面额股或者将无面额股全部转换为面额股	
	财务处理	采用无面额股的，应当将发行股份所得股款的 1/2 以上计入注册资本	
普通股与类别股		公司可以按照公司章程的规定发行下列与普通股权利不同的类别股：	
		①优先或者劣后分配利润或者剩余财产的股份	
		②每一股的表决权数多于或者少于普通股的股份①	公开发行股份的公司不得发行这两种类别股；公开发行前已发行的除外
		③转让须经公司同意等转让受限的股份	
		④国务院规定的其他类别股	

（2）授权股份发行制（授权资本制）※

授权	①公司章程或者股东会可以授权董事会在 3 年内决定发行不超过已发行股份 50% 的股份 ②以非货币财产作价出资的应当经股东会决议
表决	**董事会决议应当经全体董事 2/3 以上通过**
章程修改	董事会依照上述规定决定发行股份导致公司注册资本、已发行股份数发生变化的，对公司章程该记载事项的修改不需再由股东会表决

2. 股份转让
（1）一般规则

一般规则	除章程另有规定外，股份有限公司的股东持有的股份可以向其他股东转让，也可以向股东以外的人转让
对原始股东的限制 ※	公司公开发行股份前已发行的股份，自公司股票在证券交易所上市交易之日起 1 年内不得转让

---

① 对于监事或者审计委员会成员的选举和更换，该种类别股与普通股每一股的表决权数相同。

（续）

对董事、监事、高级管理人员的限制	①应当向公司申报所持有的本公司的股份及其变动情况 ②在就任时确定的任职期间每年转让的股份不得超过其所持有本公司股份总数的 25% ③所持本公司股份自公司股票上市交易之日起 1 年内不得转让 ④离职后半年内，不得转让其所持有的本公司股份 ⑤公司章程可以对公司董事、监事、高级管理人员转让其所持有的本公司股份作出其他限制性规定
对质权人的限制	股份在限制转让期限内出质的，质权人不得在限制转让期限内行使质权

（2）异议股东回购请求权 ※（针对非公开发行股份的股份有限公司）

事项	有下列情形之一的，对股东会该项决议投反对票的股东可以请求公司按照合理的价格收购其股份，公开发行股份的公司除外： ①公司连续 5 年不向股东分配利润，而公司该 5 年连续盈利，并且符合《公司法》规定的分配利润条件 ②公司转让主要财产 ③公司章程规定的营业期限届满或者章程规定的其他解散事由出现，股东会通过决议修改章程使公司存续
期限	自股东会决议作出之日起 60 日内，股东与公司不能达成股份收购协议的，股东可以自股东会决议作出之日起 90 日内向人民法院提起诉讼
回购后的处理	公司因异议股东回购请求权情形收购的本公司股份，应当在 6 个月内依法转让或者注销

（3）纵向回购

允许回购的法定情形	决议	回购后的处理	上市公司特殊要求
①减少公司注册资本	股东会决议，必须经出席会议的股东所持表决权的 2/3 以上通过	收购之日起 10 日内注销	信息披露
②与持有本公司股份的其他公司合并		6 个月内转让或注销	
③股东因对股东会作出公司合并、分立决议持异议，要求公司收购其股份	—		
④将股份用于员工持股或者股权激励	依照公司章程的规定或者股东会的授权，经 2/3 以上董事出席的董事会会议决议	公司合计持有的本公司股份数不得超过本公司已经发行股份总额的 10%，并应当在 3 年内转让或者注销	①信息披露 ②通过公开的集中交易方式进行
⑤将股份用于转换上市公司发行的可转换为股票的公司债券			
⑥上市公司为维护公司价值及股东权益所必须			

3. 禁止财务资助 ※

原则	公司不得为他人取得本公司或者其母公司的股份提供赠与、借款、担保以及其他财务资助，公司实施员工持股计划的除外
例外	**为公司利益**，经股东会决议，或者董事会按照公司章程或者股东会的授权作出决议，公司可以为他人取得本公司或者其母公司的股份提供财务资助，但财务资助的**累计总额不得超过已发行股本总额的 10%**。董事会作出决议应当经全体董事的 2/3 以上通过
责任	违反上述规则给公司造成损失的，负有责任的董事、监事、高级管理人员应当承担赔偿责任

三、公司组织机构

（一）公司治理结构概览

1. 有监事会／监事，无审计委员会

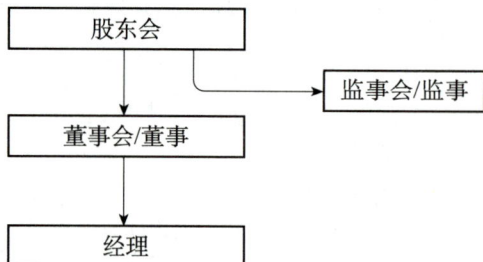

2. 无监事会／监事，有审计委员会

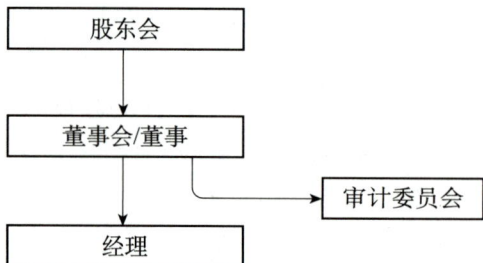

3. 既有监事会／监事，又有审计委员会

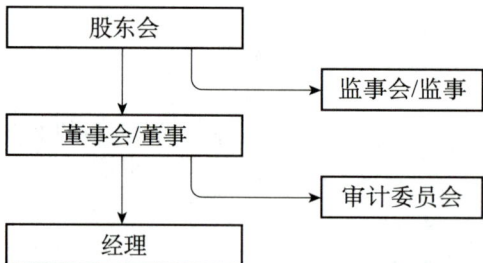

4. 既无监事会／监事，又无审计委员会（有限责任公司）

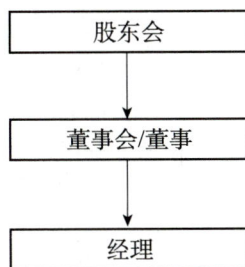

```
股东会
  ↓
董事会/董事
  ↓
经理
```

（二）组织机构设置与职权划分

	股东会	董事会	监事会
性质	权力机构（非常设）	业务执行机构（常设）	监督机构（常设）
设置的特殊规则	只有一个股东的公司、国有独资公司不设股东会	（1）规模较小或者股东人数较少的公司，可以不设董事会，设1名董事，行使董事会的职权（2）该董事可以兼任公司经理	（1）规模较小或者股东人数较少的有公司，可以不设监事会，设一名监事，行使监事会职权（2）有限责任公司经全体股东一致同意，也可以不设置监事
战略规划	—	决定公司的经营计划和投资方案	检查监督，发现经营异常可以进行调查，费用由公司承担
人事任命	选举和更换董事、监事，决定有关董事、监事的报酬事项	（1）决定聘任或者解聘公司经理①及其报酬事项（2）根据经理的提名决定聘任或者解聘公司副经理、财务负责人及其报酬事项	（1）对董事、高级管理人员执行职务行为进行监督，可建议解任违法违章董事、高级管理人员（2）董事、高级管理人员行为损害公司利益时，有权要求其纠正
机构设置	—	决定公司内部管理机构的设置	—
制度制定	—	制定公司基本管理制度	—
相互关系	审议批准董事会、监事会（监事）的报告②	召集股东会会议，向股东会报告工作；执行董事会决议	—
可授权事项	股东会可以授权董事会对发行公司债券作出决议		

（三）股东会

	有限责任公司	股份有限公司
定期会议	章程规定	一年一次

---

① 经理对董事会负责，根据公司章程的规定或者董事会的授权行使职权。经理列席董事会会议。

② 有关公司增减资、合并、分立、变更公司形式、发行债券、解散等事项由董事会起草报告，提交股东会审议。国有独资公司除上述事项外，其他事项可以授权公司董事会行使股东会的部分职权。

（续）

	有限责任公司	股份有限公司
临时会议（提议召集权）	1. 代表 1/10 以上表决权的股东 2. 1/3 以上的董事 3. 监事会提议	应当在 2 个月内召开股东会会议 （1）董事会人数不足《公司法》规定人数（3 人）或者公司章程所定人数的 2/3 时（＜2/3*n） （2）公司未弥补亏损达股本总额 1/3 时 （3）单独或者合计持有公司 10% 以上股份的股东请求时 （4）董事会认为必要时 （5）监事会提议召开时
	【注意】股东请求判令公司召开股东会的，人民法院应当告知其按照《公司法》规定的程序自行召开。股东坚持起诉的，人民法院应当裁定不予受理；已经受理的，裁定驳回起诉	
召集、主持	1. 董事会召集：董事长——副董事长——过半数的董事推举 1 名董事主持 2. 监事会 3. 代表 1/10 以上表决权的股东召集和主持 【注】召开 15 日前通知全体股东	1. 董事会召集：董事长——副董事长——过半数的董事推举 1 名董事主持 2. 监事会 3. 连续 90 日以上单独或者合计持有公司 10% 以上股份的股东① 【注】 （1）股东年会于会议召开前 20 日通知 （2）临时股东会提前 15 日通知
决议程序	章程决定	所持每一股份有一表决权，类别股股东除外 （公司持有的本公司股份无表决权）
会签制度	股东以书面形式一致表示同意，可以不召开股东会会议，直接作出决定，并由全体股东在决定文件上签名、盖章	—
临时提案制度	—	1. 单独或者合计持有公司 1% 以上股份的股东，可以在股东会召开 10 日前提出临时提案并书面提交董事会 2. 董事会应当在收到提案后 2 日内通知其他股东，并将该临时提案提交股东会审议 3. 临时提案的内容应当有明确议题和具体决议事项 4. 股东会不得对通知中未列明的事项作出决议

---

① 单独或者合计持有公司 10% 以上股份的股东请求召开临时股东会会议的，董事会、监事会应当在收到请求之日起 10 日内作出是否召开临时股东会会议的决定，并书面答复股东。

（续）

	有限责任公司	股份有限公司
一般表决	1. 股东按照出资比例行使表决权，章程另有规定的除外 ① 2. 股东会作出决议，应当经代表过半数表决权的股东通过	1. 股东出席股东会会议，所持有每一股份有一表决权，类别股股东除外，公司持有的本公司股份没有表决权 2. 股东会作出决议，应当经出席会议的股东所持表决权过半数通过
特别决议	修改公司章程、增加或者减少注册资本的决议，以及公司合并、分立、解散或者变更公司形式的决议	
	经代表 2/3 以上表决权的股东通过	1. 经出席会议的股东所持表决权的 2/3 以上通过 2. 还应当经出席类别股股东会决议的股东所持表决权的 2/3 以上通过 ※

（四）董事会☆☆★

1. 人数、组成、任期 ※

董事会	有限责任公司	股份有限公司
人数	≥ 3 人	
组成	（1）一般可以有职工代表 （2）职工 300 人以上且监事会无职工代表的，董事会中应当有职工代表	
董事长	章程规定	（副）董事长：由董事会议全体董事的过半数选举产生
任期	每届任期不得超过 3 年。董事任期届满，连选可以连任	
原董事履职	董事任期届满未及时改选，或者董事在任期内辞职导致董事会成员低于法定人数的，在改选出的董事就任前，原董事仍应履行董事职务	
无因解除	（1）股东会可以决议解任董事，决议作出之日解任生效 ② （2）无正当理由，在任期届满前解任董事的，该董事可以要求予以赔偿	

2. 召开和表决

相同	（1）董事会会议由董事长召集和主持
	（2）董事长不能履行职务或者不履行职务的，由副董事长召集和主持；副董事长不能履行职务或者不履行职务的，由过半数董事共同推举一名董事召集和主持
	（3）董事会决议的表决，实行一人一票
	（4）董事会会议应有过半数的董事出席方可举行。董事会作出决议，必须经全体董事过半数通过 ※
	（5）董事会应当对会议所议事项的决定做成会议记录，出席会议的董事应当在会议记录上签名

---

① 如果股东会作出不按认缴出资比例而按实际出资比例或者其他标准确定表决权的决议，必须经代表 2/3 以上表决权的股东通过。

② 理论上认为，公司与董事之间为"委托关系"，合同双方均有任意解除权，即公司可以随时解除董事职务，无论任期是否届满，董事也可以随时辞任。

（续）

区别	股份有限公司	有限责任公司
	（1）每年度至少召开2次会议，每次会议应当于会议召开10日前通知全体董事和监事	董事会的议事方式和表决程序，除《公司法》另有规定外，由公司章程规定（可由章程规定）
	（2）代表1/10以上表决权的股东、1/3以上董事或者监事会，可以提议召开董事会临时会议。董事长应当自接到提议后10日内，召集和主持董事会会议	
	（3）董事会会议可书面委托其他董事代为出席，委托书中应载明授权范围	
	（4）董事应当对董事会的决议承担责任 董事会的决议违反法律、行政法规或者公司章程、股东会决议，给公司造成严重损失的，参与决议的董事对公司负赔偿责任；经证明在表决时曾表明异议并记载于会议记录的，该董事可以免除责任	

3. 审计委员会

	有限责任公司	股份有限公司
设置	（1）公司可以按照公司章程的规定在董事会中设置由董事组成的审计委员会，行使监事会的职权，不设监事会或者监事 （2）董事会成员中的职工代表可以成为审计委员会成员	
人数	—	3名以上
独立性	—	过半数成员不得在公司担任除董事以外的其他职务，且不得与公司存在任何可能影响其独立客观判断的关系
表决	—	一人一票
决议	—	经审计委员会成员的过半数通过

（五）监事会☆

监事会	有限责任公司	股份有限公司
人数	≥3人	
组成	（1）股东代表+职工代表（≥1/3） （2）监事会主席：全体监事过半数选举产生	
会议召开	每年度至少召开一次	每6个月至少召开一次
议事方式和表决程序	（1）监事会决议的表决，应当一人一票 （2）监事会决议应当经全体监事过半数通过 （3）除《公司法》有规定的外，由公司章程规定	
任期	（1）每届3年，连选可以连任 （2）监事未及时改选或辞任，导致监事会成员低于法定人数的，在新监事就任前，原监事仍要履行监事职务	
兼职禁止	董事、高级管理人员不得兼任监事	

（六）上市公司组织机构的特别规定

1. 上市公司中的审计委员会

上市公司**在董事会中设置审计委员会的**，董事会对下列事项作出决议前应当经审计委员会全体成员过半数通过：

（1）聘用、解聘承办公司审计业务的会计师事务所；

（2）聘任、解聘财务负责人；

（3）披露财务会计报告；

（4）国务院证券监督管理机构规定的其他事项。

2. 董事会秘书

上市公司设董事会秘书，董事会秘书属于高级管理人员。

3. 关联董事表决权排除

上市公司董事与董事会会议决议事项所涉及的企业或者个人有关联关系的，该董事应当及时向董事会书面报告。有关联关系的董事不得对该项决议行使表决权，也不得代理其他董事行使表决权。该董事会会议由过半数的无关联关系董事出席即可举行，董事会会议所作决议须经无关联关系董事过半数通过。出席董事会会议的无关联关系董事人数不足三人的，应当将该事项提交上市公司股东会审议。

4. 禁止交叉持股

（1）上市公司控股子公司不得取得该上市公司的股份。

（2）上市公司控股子公司因公司合并、质权行使等原因持有上市公司股份的，不得行使所持股份对应的表决权，并应当及时处分相关上市公司股份。

（七）国家出资公司组织机构的特别规定

类型	包括国有独资公司与国有资本控股公司
共同规定	1. 国家出资公司中中国共产党的组织，按照中国共产党章程的规定发挥领导作用，研究讨论公司重大经营管理事项，支持公司的组织机构依法行使职权 2. 国家出资公司应当依法建立健全内部监督管理和风险控制制度，加强内部合规管理
国有独资公司特殊规定	1. 不设股东会 2. 在董事会中设置由董事组成的审计委员会行使《公司法》规定的监事会职权的，不设监事会或监事 3. 董事会成员中，应当过半数为外部董事，并应当有公司职工代表 4. 经履行出资人职责的机构同意，董事会成员可以兼任经理 5. 董事、高管未经履行出资人职责的机构同意，不得在其他经济组织兼职

四、公司经营中的特殊合同

（一）对赌协议

对赌协议，又称估值调整协议，是指投资方与融资方在达成股权性融资协议时，为解决交易双方对目标公司未来发展的不确定性、信息不对称以及代理成本而设计的包含了股权回购、金钱补偿等对未来目标公司的估值进行调整的协议。

（续）

与目标公司"对赌"	1. 协议有效 2. 能否"实际履行"要分情况： （1）股权回购型：投资方请求目标公司回购股权的，应当先减资再回购 （2）金钱补偿型：投资方请求目标公司承担金钱补偿义务的，法院应当依法审查是否构成"股东抽逃出资"和是否符合"利润分配"的强制性规定，有利润方可分配，如果目标公司没有利润或者虽有利润但不足以补偿投资方的，法院应当驳回或者部分支持其诉讼请求。今后目标公司有利润时，投资方还可以依据该事实另行提起诉讼
与目标公司的"股东"签订对赌协议	1. 协议有效 2. 支持实际履行

（二）股权让与担保

情形	规则
合同效力	1. 债务人与债权人约定，将财产形式上转移至债权人名下，债务人不履行到期债务，债权人有权对财产折价或者以拍卖、变卖该财产所得价款偿还债务的，该约定有效
	2. 约定将财产形式上转移至债权人名下，债务人不履行到期债务，财产归债权人所有的，应当认定该约定无效，但是不影响当事人有关提供担保的意思表示的效力
不履行债务的后果	债务人不履行到期债务，已经完成财产权利变动的公示，债权人有权对财产折价或者以拍卖、变卖该财产所得的价款优先受偿
债权人并非"名义股东"	股东以将其股权转移至债权人名下的方式为债务履行提供担保，公司或者公司的债权人以股东未履行或者未全面履行出资义务、抽逃出资等为由，请求作为名义股东的债权人与股东承担连带责任的，人民法院不予支持

第二章　合伙企业法

扫描右侧二维码"听课 + 做题"，直达最佳学习效果

1. 在线听课：学习本章节核心考点讲解课程。
2. 在线刷题：点击 ⌂ 进入题库做章节练习。

一、合伙企业的设立

<table>
<tr><td colspan="2"></td><td>普通合伙企业</td><td>有限合伙企业</td></tr>
<tr><td colspan="2" rowspan="2">合伙人</td><td>有2个以上合伙人。合伙人为自然人的，应当具有完全民事行为能力</td><td>由2个以上50个以下合伙人设立，至少要有1个普通合伙人和1个有限合伙人</td></tr>
<tr><td colspan="2">国有独资公司、国有企业、上市公司以及公益性的事业单位、社会团体不得成为普通合伙人，但可以成为有限合伙企业中的有限合伙人</td></tr>
<tr><td rowspan="3">出资</td><td>出资形式</td><td>合伙人可以用货币、实物、知识产权、土地使用权或者其他财产权利出资，也可以用劳务出资；既可以用所有权出资，也可以以使用权出资</td><td>有限合伙人不得以劳务出资，其余与普通合伙人相同</td></tr>
<tr><td>价值评估</td><td colspan="2">需要评估作价的出资财产，可以由全体合伙人协商确定，也可以由全体合伙人委托法定评估机构评估</td></tr>
<tr><td>出资违约</td><td colspan="2">未按期足额缴纳的，应当承担补缴义务，并对其他合伙人承担违约责任</td></tr>
<tr><td colspan="2">合伙协议</td><td colspan="2">有书面合伙协议；合伙协议经全体合伙人签名、盖章后生效</td></tr>
<tr><td colspan="2">名称</td><td colspan="2">（1）应当标明"普通合伙""有限合伙""特殊普通合伙"字样
（2）可以使用投资人姓名作字号</td></tr>
</table>

二、普通合伙企业的财产与合伙人的财产份额

合伙财产是指合伙存续期间，合伙人的出资和所有以合伙企业名义取得的收益和依法取得的其他财产。

（一）合伙财产的性质

以所有权出资的归全体合伙人共有，以使用权出资的归合伙人单独所有。

（二）利润分配与亏损分担

	普通合伙企业	有限合伙企业
顺序	约定—协商—实缴出资比例—平均	
利润分配	合伙协议不得约定将全部利润分配给部分合伙人	不得将全部利润分配给部分合伙人，但合伙协议另有约定的除外
亏损分担	合伙协议不得约定由部分合伙人承担全部亏损	

（三）增减资

合伙人按照合伙协议约定或者经全体合伙人决定，可以增加或者减少对合伙企业的出资。

（四）合伙人财产份额转让与强制执行

		普通合伙企业	有限合伙企业
转让	对内转让	通知	无限制
	对外转让	（1）约定优先 （2）一致同意 （3）其他合伙人在同等条件下有优先购买权	提前 30 日通知，其他合伙人无优先购买权
出质		普通合伙人将其财产份额出质的，须经其他合伙人一致同意，否则出质行为无效，由此给善意第三人造成损失的，由行为人依法承担赔偿责任	有限合伙人可以将其在有限合伙企业中的财产份额出质
强制执行		财产份额被强制执行时，其他合伙人有优先购买权	

三、合伙企业的治理

（一）合伙企业的决议规则

一般规则	约定优先；实行合伙人一人一票并经全体合伙人过半数通过的表决办法
全票决事项	除合伙协议另有约定外，合伙企业的下列事项应当经全体合伙人一致同意： （1）改变合伙企业的名称 （2）改变合伙企业的经营范围、主要经营场所的地点 （3）处分合伙企业的不动产 （4）转让或者处分合伙企业的知识产权和其他财产权利 （5）以合伙企业名义为他人提供担保 （6）聘任合伙人以外的人担任合伙企业的经营管理人员[1] （7）补充和修改合伙协议 （8）新合伙人入伙

---

[1]　第一，被聘任的合伙企业的经营管理人员应当在合伙企业授权范围内履行职务。

第二，被聘任的合伙企业的经营管理人员，超越合伙企业授权范围履行职务，或者在履行职务过程中因故意或者重大过失给合伙企业造成损失的，依法承担赔偿责任。

（二）合伙企业的事务执行

	普通合伙企业	有限合伙企业
执行规则	1. 合伙人对合伙事务享有同等的权利，但执行方式多样（共同执行、分别执行、委托执行） 2. 执行合伙事务人对外代表合伙企业 3. 在约定合伙事务执行的情况下，非合伙事务执行人不再执行合伙事务；但非执行人以企业名义签订的合同并非当然无效	1. 有限合伙企业由普通合伙人执行合伙事务，有限合伙人不执行合伙事务，不得对外代表有限合伙企业。 2.【表见普通合伙】第三人有理由相信有限合伙人为普通合伙人并与其交易的，该有限合伙人对该笔交易承担与普通合伙人同样的责任
合伙事务执行人的权利	1. 合伙事务执行权 2. 异议权：合伙人分别执行合伙事务的，执行事务的合伙人可以对其他合伙人执行的事务提出异议。提出异议时，应当暂停该项事务的执行	—
非合伙事务执行人的权利	1. 监督权：有权监督执行事务的合伙人执行合伙事务的情况 2. 查阅权：为了解合伙企业的经营状况和财务状况，有权查阅合伙企业会计账簿等财务资料 3. 撤销权：可以决定撤销委托	有限合伙人有权参与决定普通合伙人入伙、退伙；监督权、查账权（与自身利益相关的）、诉讼权、经营建议权；代位诉讼权

四、债务清偿规则

（一）合伙企业债务的清偿

补充责任	合伙企业对其债务，应先以其全部财产进行清偿
普通合伙人→无限责任、连带责任	1. 合伙企业不能清偿到期债务的，合伙人承担无限连带责任 2. 合伙人由于承担无限连带责任，清偿数额超过其亏损分担比例的，有权向其他合伙人追偿
有限合伙人→有限责任	有限合伙人，以其认缴的出资额为限对合伙企业债务承担责任

（二）合伙人个人债务的清偿

规则一【禁抵销禁代位】

合伙人发生与合伙企业无关的债务，相关债权人不得以其债权抵销其对合伙企业的债务，也不得代位行使合伙人在合伙企业中的权利。

规则二【强制执行】

1. 合伙人的自有财产不足清偿其与合伙企业无关的债务的，该合伙人可以以其从合伙企业中分取的收益用于清偿。

2. 债权人也可以依法请求人民法院强制执行该合伙人在合伙企业中的财产份额用于清偿。

3. 人民法院强制执行合伙人的财产份额时，应当通知全体合伙人，其他合伙人有优先购买权；其他合伙人未购买，又不同意将该财产份额转让给他人的，依照规定为该合伙人办理退伙结算，或者办理<u>削减该合伙人相应财产份额的结算</u>。

五、入伙、退伙与身份关系转变

（一）入伙

	普通合伙人	有限合伙人
入伙程序	1. 新合伙人入伙，除合伙协议另有约定外，应当经<u>全体合伙人一致同意，并依法订立书面入伙协议</u> 2. 订立入伙协议时，原合伙人应当向新合伙人<u>如实告知</u>原合伙企业的经营状况和财务状况	
入伙的后果	入伙的新合伙人与原合伙人<u>享有同等权利，承担同等责任</u>。入伙协议另有约定的，从其约定	
	新入伙的合伙人和普通合伙人对入伙前合伙企业的债务承担<u>无限连带责任</u>	新入伙的有限合伙人，对入伙前有限合伙企业的债务，以其认缴的出资额为限承担责任

（二）退伙

1. 自愿退伙

退伙的分类	退伙理由
约定经营期限的退伙	<u>合伙协议约定合伙期限的，在合伙企业存续期间</u>，有下列情形之一的，合伙人可以退伙： （1）<u>合伙协议约定的退伙事由出现</u> （2）经全体合伙人<u>一致同意</u> （3）发生合伙人难以继续参加合伙的事由 （4）其他合伙人严重违反合伙协议约定的义务
没有约定经营期限的退伙	合伙协议未约定合伙期限的，合伙人在不给合伙企业事务执行造成不利影响的情况下，可以退伙，但应当<u>提前30日通知其他合伙人</u>

2. 当然退伙

退伙事由	普通合伙企业（普通合伙人）	有限合伙企业（有限合伙人）
作为合伙人的自然人死亡或者被依法宣告死亡	（1）该合伙人当然退伙 （2）其合法继承人＋合伙协议另有约定（或一致同意），可继承合伙人资格① （3）继承人为无民事行为能力人或限制民事行为能力人的，或转或退②	（1）该有限合伙人当然退伙 （2）其继承人可以依法取得该有限合伙人在有限合伙企业中的资格
个人丧失偿债能力	当然退伙	不得退伙

---

① 若出现继承人不愿意成为合伙人或者合伙协议规定合伙人需要相关资格而继承人并无资格的，合伙企业应当向合伙人的继承人退还被继承合伙人的财产份额。

② 合伙人的继承人为无民事行为能力人或者限制民事行为能力人的，经全体合伙人一致同意，可以依法成为有限合伙人，普通合伙企业依法转为有限合伙企业。全体合伙人未能一致同意的，合伙企业应当将被继承合伙人的财产份额退还该继承人。

（续）

退伙事由	普通合伙企业（普通合伙人）	有限合伙企业（有限合伙人）
作为合伙人的法人或者其他组织依法被吊销营业执照、责令关闭、撤销，或者被宣告破产	当然退伙	
法律规定或者合伙协议约定合伙人必须具有相关资格而丧失该资格	当然退伙	
合伙人在合伙企业中的全部财产份额被人民法院强制执行	当然退伙	
合伙人被依法认定为无民事行为能力人或者限制民事行为能力人的	（1）或转或退：经其他合伙人一致同意，可以依法转为有限合伙人，普通合伙企业依法转为有限合伙企业。其他合伙人未能一致同意的，该无民事行为能力或者限制民事行为能力的合伙人退伙 （2）退伙事由实际发生之日为退伙生效日	不得要求其退伙

3. 除名

合伙人有下列情形之一的，经其他合伙人一致同意，可以决议将其除名：

（1）未履行出资义务。

（2）因故意或者重大过失给合伙企业造成损失。

（3）执行合伙事务时有不正当行为。

（4）发生合伙协议约定的事由。

对合伙人的除名决议应当书面通知被除名人。被除名人接到除名通知之日，除名生效，被除名人退伙。被除名人对除名决议有异议的，可以自接到除名通知之日起30日内，向人民法院起诉。

4. 退伙后果

普通合伙企业（普通合伙人）	有限合伙企业（有限合伙人）
对基于退伙前的原因发生的合伙企业债务，承担无限连带责任	以其从合伙企业取回的财产为限承担责任
（1）按照退伙时候的企业财产状况进行结算 （2）退还办法：退钱或者退物品	

（三）有限合伙与普通合伙的转换

企业转换	1. 当有限合伙企业仅剩普通合伙人时，有限合伙企业转为普通合伙企业，并应当进行相应的变更登记
	2. 当有限合伙企业仅剩有限合伙人时，则该企业不再是合伙企业，故应解散

（续）

身份变更	1. 除合伙协议另有约定外，身份变更，须经全体合伙人**一致同意**
	2. 无限连带责任：**身份变更，需对原债务承担无限连带责任** （1）有限变普通——对任有限合伙人期间的债务承担无限连带责任 （2）普通变有限——对任普通合伙人期间的债务承担无限连带责任

六、有限合伙人的特殊权利【总结】

	有限合伙人	普通合伙人
利润分配	有限合伙企业**不得将全部利润分配给部分合伙人；但是，合伙协议另有约定的除外**	合伙协议不得约定将全部利润分配给部分合伙人
自我交易	允许；合伙协议另有约定的除外	受限制，一致同意
同业竞争	允许；合伙协议另有约定的除外	禁止
合伙份额对外转让	允许，但应当**提前30日通知其他合伙人**。其他合伙人**无优先购买权**	除合伙协议另有约定外，须经其他合伙人**一致同意**。其他合伙人**有优先购买权**
合伙份额的出质	允许；但是，合伙协议另有约定的除外	除合伙协议另有约定外，须经其他合伙人**一致同意**
对企业债务的承担	有限合伙人，以其**认缴**的出资额为限对合伙企业债务承担责任	普通合伙人，承担**无限连带责任**
退伙后责任的承担	有限合伙人，以其退伙时从有限合伙企业中**取回的财产承担责任**	退伙人对基于其退伙前的原因发生的合伙企业债务，**承担无限连带责任**
行为能力	作为有限合伙人，在合伙企业存续期间丧失民事行为能力的，其他合伙人不得因此要求其退伙	合伙人被认为是无民事行为能力人或限制民事行为能力人，其他合伙人一致同意，转为有限合伙人；未能一致同意，该人退伙

七、特殊普通合伙企业

适用范围	以专门知识和专门技能为客户提供有偿服务的专业服务机构
名称	应当标明"特殊普通合伙"字样
特殊普通合伙企业合伙人的责任形式	一个合伙人或者数个合伙人在执业活动中**因故意或者重大过失**造成合伙企业债务的： 1. **合伙企业承担首位责任** 2. **无限（连带）责任＋财产份额为限责任**，即对合伙财产不足清偿的债务部分，故意/重大过失的合伙人应当承担无限责任或者无限连带责任，其他合伙人以其在合伙企业中的财产份额为限承担责任 3. 以合伙企业财产对外承担责任后，该合伙人应当按照合伙协议的约定对给合伙企业造成的损失承担赔偿责任

第三章　个人独资企业法

扫描右侧二维码"听课＋做题"，直达最佳学习效果

1. 在线听课：学习本章节核心考点讲解课程。

2. 在线刷题：点击🏠进入题库做章节练习。

一、个人独资企业的概念与特征

概念	简称独资企业，是指由一个自然人投资，全部资产为投资人所有，投资人以其个人财产对企业债务承担无限责任的经营实体	
特征	投资主体	个人独资企业**仅由**一个自然人投资设立，并有完全民事行为能力
	企业财产	个人独资企业的全部财产为投资人个人所有。**不缴纳企业所得税**
	法人资格	个人独资企业**不具有法人资格**
	责任承担	1. **个人独资企业的投资人以其个人财产对企业债务承担无限责任** 2. 若申请企业设立登记时明确以其家庭共有财产作为个人出资的，应当以家庭共有财产对企业债务承担无限责任 3. 分支机构的民事责任由设立该分支机构的个人独资企业承担 4. 个人独资企业解散后，原投资人对个人独资企业存续期间的债务仍应承担偿还责任，**但债权人在5年内未向债务人提出偿债请求的，该责任消灭**

二、个人独资企业事务管理

1. 个人独资企业投资人可以自行管理企业事务，也可以委托或者聘用其他具有民事行为能力的人负责企业的事务管理。

2. 投资人委托或者聘用他人管理个人独资企业事务，应当与受托人或者被聘用的人签订书面合同，明确委托的具体内容和授予的权利范围。

3. 投资人对受托人或者被聘用的人员职权的限制，不得对抗善意第三人。

4. 未经投资人同意，受托人、被聘用人不得从事下列行为：（1）将企业资金以个人名义存储；（2）擅自以企业财产提供担保；（3）同业竞争；（4）自我交易；（5）将企业商标等知识产权转让。

第四章　外商投资法

扫描右侧二维码"听课＋做题"，直达最佳学习效果

1. 在线听课：学习本章节核心考点讲解课程。
2. 在线刷题：点击▢进入题库做章节练习。

一、外商投资的种类

1. 外国投资者单独或者与其他投资者共同在中国境内设立的外商投资企业。
2. 外国投资者取得中国境内企业的股份、股权、财产份额或者其他类似权益。
3. 外国投资者单独或者与其他投资者共同在中国境内投资的新建项目。
4. 其他方式的投资。

二、投资促进法律制度

准入前国民待遇	是指在投资准入阶段给予外国投资者及其投资不低于本国投资者及其投资的待遇
优惠待遇	外国投资者、外商投资企业可以依照法律、行政法规或者国务院的规定享受优惠待遇
强制性标准适用	国家制定的强制性标准平等适用于外商投资企业
公平参与政府采购	国家保障外商投资企业依法通过公平竞争参与政府采购活动。政府采购依法对外商投资企业在中国境内生产的产品、提供的服务平等对待
融资	外商投资企业可以依法通过公开发行股票、公司债券等证券和其他方式进行融资

三、投资保护法律制度 ☆

征收	国家对外国投资者的投资不实行征收
	在特殊情况下，国家为了公共利益的需要，可以依照法律规定对外国投资者的投资实行征收或者征用。征收、征用应当依照法定程序进行，并及时给予公平、合理的补偿
外汇管理	外国投资者在中国境内的出资、利润、资本收益、资产处置所得、知识产权许可使用费、依法获得的补偿或者赔偿、清算所得等，可以依法以人民币或者外汇自由汇入、汇出
知识产权保护	国家保护外国投资者和外商投资企业的知识产权
	行政机关及其工作人员不得利用行政手段强制转让技术
	行政机关及其工作人员对于履行职责过程中知悉的外国投资者、外商投资企业的商业秘密，应当依法予以保密，不得泄露或者非法向他人提供

（续）

规范性 文件制定	各级人民政府及其有关部门制定涉及外商投资的规范性文件，应当符合法律法规的规定；没有法律、行政法规依据的，不得减损外商投资企业的合法权益或者增加其义务，不得设置市场准入和退出条件，不得干预外商投资企业的正常生产经营活动
信赖保护	地方各级人民政府及其有关部门应当履行向外国投资者、外商投资企业依法作出的政策承诺以及依法订立的各类合同 因国家利益、社会公共利益需要改变政策承诺、合同约定的，应当依照法定权限和程序进行，并依法对外国投资者、外商投资企业因此受到的损失予以补偿

四、投资管理法律制度

负面清单 制度	概念	是指国家规定在特定领域外对外商投资实施的准入特别管理措施。负面清单由国务院发布或者批准发布
	禁止	外商投资准入负面清单规定禁止投资的领域，外国投资者不得投资
		外国投资者投资外商投资准入负面清单规定禁止投资的领域的，由有关主管部门责令停止投资活动，限期处分股份、资产或者采取其他必要措施，恢复到实施投资前的状态；有违法所得的，没收违法所得
	限制	外商投资准入负面清单规定限制投资的领域，外国投资者进行投资应当符合清单规定的条件
信息报告 制度		国家建立外商投资信息报告制度： （1）外国投资者或者外商投资企业应当通过企业登记系统以及企业信用信息公示系统向商务主管部门报送投资信息 （2）外商投资信息报告的内容和范围按照确有必要的原则确定；通过部门信息共享能够获得的投资信息，不得再行要求报送
审核审查 制度		1. 有关主管部门应当按照与内资一致的条件和程序，审核外国投资者的许可申请，法律、行政法规另有规定的除外 2. 国家建立外商投资安全审查制度，对影响或者可能影响国家安全的外商投资进行安全审查。依法作出的安全审查决定为最终决定
活动准则		1. 外商投资企业的组织形式、组织机构及其活动准则，适用《公司法》《合伙企业法》等法律的规定 2. 外国投资者并购中国境内企业或者以其他方式参与经营者集中的，应当依照《反垄断法》的规定接受经营者集中审查

第五章　企业破产法 [①]

扫描右侧二维码"听课 + 做题"，直达最佳学习效果

1. 在线听课：学习本章节核心考点讲解课程。
2. 在线刷题：点击 🏠 进入题库做章节练习。

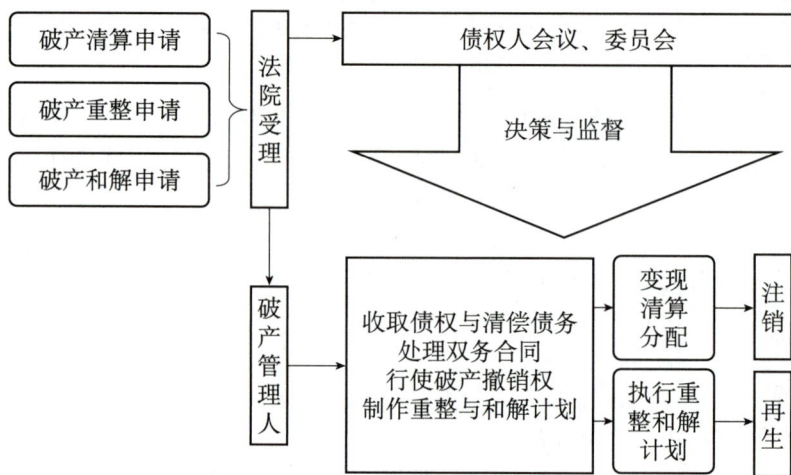

第一节　破产法总论

一、破产案件的申请与受理

（一）破产原因

分类（满足下列情形之一）	考点提示
1. 不能清偿到期债务，并且资产不足以清偿全部债务	
2. 不能清偿到期债务，并且明显缺乏清偿能力	对明显缺乏清偿能力的认定： （1）因资金严重不足或者财产不能变现等原因，无法清偿债务 （2）法定代表人下落不明且无其他人员负责管理财产，无法清偿债务 （3）经人民法院强制执行，无法清偿债务 （4）长期亏损且经营扭亏困难，无法清偿债务 （5）导致债务人丧失清偿能力的其他情形

---

① 《企业破产法》适用于企业法人。非企业法人，属于破产清算的，参照适用《企业破产法》规定的程序。

（续）

分类（满足下列情形之一）	考点提示
3. 明显丧失清偿能力的可能（此原因仅仅可以启动重整程序）	"明显丧失清偿能力的可能"是指虽然尚未出现不能清偿的客观事实，但已经出现经营危机

（二）破产案件申请人

申请人	具体规定
债务人	债务人有出现破产原因情形，可以申请重整、和解或者破产清算
债权人	债务人不能清偿到期债务，债权人可以向法院申请对债务人企业进行重整或者破产清算
清算人	企业法人已解散但未清算或者未清算完毕，资产不足以清偿债务的，依法负有清算责任的人应当向人民法院申请破产清算
出资人	1. 原则上：企业的股东（出资人）不得以股东名义申请企业破产 2. 例外：债权人申请债务人进行破产清算，法院受理破产申请后，宣告破产前，债务人或者出资额占债务人注册资本 10%以上的出资人，可以向人民法院申请重整

（三）破产案件受理后的法律效果 ☆☆

破产案件的受理又称"立案"法院裁定受理破产申请，是破产程序开始的标志。

1. 破产管理人

破产管理人，是指在破产受理时，由法院选任成立的，用来接管破产企业，负责破产财产的保管、清理、估价、处理和分配的专门机构。

产生	管理人应当在法院裁定受理破产的同时指定
更换	债权人会议认为管理人不能依法、公正执行职务或者有其他不能胜任职务情形的，可以申请法院予以更换
辞任	管理人没有正当理由不得辞去职务。管理人辞去职务应当经法院许可

2. 程序衔接

执行与保全中止	保全措施解除、执行程序中止
诉讼仲裁中止	正在进行的民事诉讼或者仲裁中止，在管理人接管债务人的财产后，该诉讼或者仲裁继续进行
专属管辖	破产申请受理后当事人新提起的有关债务人的民事诉讼，均由受理破产申请的法院管辖
仲裁条款有效	当事人在破产申请受理前订立有仲裁条款，应当向选定的仲裁机构申请确认债权债务关系

3. 实体法律效果

个别清偿无效	债务人对个别债权人的债务清偿无效，由管理人按清偿方案统一清偿
向管理人为给付	债务人的债务人或者财产持有人应当向管理人清偿债务或者交付财产

（续）

待履行合同处理——管理人决定	（1）管理人对破产申请受理前成立而债务人和对方当事人均未履行完毕的合同**有权决定**解除或者继续履行，并通知对方当事人 （2）管理人决定继续履行合同的，对方当事人应当履行： ①**对方当事人有权要求管理人提供担保。管理人不提供担保的，视为解除合同。** ②决定继续履行合同的，因此带来的合同义务，**对方可以主张共益债务** （3）管理人自破产申请受理之日起**2个月内未通知对方当事人，或者自收到对方当事人催告之日起30日内未答复的，视为解除合同。**因合同解除给对方当事人带来的损失，确认为破产债权，对方可以向管理人申报
新借款的处理	（1）法院受理破产申请后，管理人可以为债务人继续营业而借款 （2）新借款可优先于普通破产债权清偿，但不得优先于此前已就债务人特定财产享有担保的债权清偿 （3）管理人或债务人可以为前述新借款设定抵押担保

（四）破产费用和共益债务

破产费用	概念		是指破产程序开始后，**为破产程序的进行以及为全体债权人的共同利益而从债务人财产中优先支付的费用（程序性费用）**
	类型	受理后	1. 破产案件的诉讼费用 2. 管理、变价和分配债务人财产的费用 3. 管理人执行职务的费用、报酬和聘用工作人员的费用
		受理前	1. 法院裁定受理破产申请的，**此前债务人尚未支付的公司强制清算费用**以及未终结的执行程序中产生的评估费、公告费、保管费等**执行费用**，可以参照**破产费用**的规定，以债务人财产随时清偿 2. 此前债务人**尚未支付的案件受理费、执行申请费，可以作为破产债权清偿**
共益债务	概念		是指破产程序中为全体债权人的共同利益而管理、变价和分配破产财产所负担的债务，与之相对应的权利为共益债权（**法院受理破产申请后发生的新债**）
	类型	合同之债	因管理人或者债务人请求对方当事人履行双方均未履行完毕的合同所产生的债务
		无因管理	债务人财产受无因管理所产生的债务
		不当得利	因债务人不当得利所产生的债务
		劳动报酬、社保	为债务人继续营业而应支付的劳动报酬和社会保险费用以及由此产生的其他债务
		侵权之债	管理人或者相关人员执行职务致人损害所产生的债务、债务人财产致人损害所产生的债务
清偿规则	**对外按类别；对内按比例：** （1）破产费用和共益债务由债务人财产随时清偿 （2）债务人财产＜（破产费用＋共益债务）：先清偿破产费用 （3）债务人财产＜所有破产费用，破产费用每一项按比例清偿 （4）债务人财产＜所有共益债务，共益债务每一项按比例清偿 （5）债务人财产＜破产费用：终结破产程序		

二、债务人财产

（一）债务人财产概述

概念	在破产程序中被纳入破产管理的为债务人所拥有的财产
范围	包括破产申请受理时属于债务人的全部财产，以及破产申请受理后至破产程序终结前债务人取得的财产
判断标准	是否拥有所有权

（二）取回权

取回权是指从管理人接管的财产中取回不属于债务人财产的请求权。

1. 一般取回权

一般取回权	受理破产申请后，债务人占有的不属于债务人的财产，该财产的权利人可以通过管理人取回。但是，法律另有规定的除外①
行使时间	（1）应在破产财产变价方案或和解协议、重整计划草案提交债权人会议表决之前 （2）上述期限后主张取回相关财产的，应当承担延迟行使取回权增加的相关费用
价金取回权	对债务人占有的权属不清的鲜活易腐等不易保管的财产或者不及时变现价值将严重贬损的财产，管理人及时变价并提存变价款后，有关权利人可就该变价款行使取回权
行使前提	权利人行使取回权应支付相关运输、保管等费用，未支付的，保管人可拒绝其取回

2. 债务人占有的他人财产被违法转让给第三人

第三人善意取得，权利人无法取回的	（1）转让行为发生在破产申请受理前的，原权利人因财产损失形成的债权，作为普通破产债权清偿
	（2）转让行为发生在破产申请受理后的，因管理人或者相关人员执行职务导致原权利人损害产生的债务，作为共益债务清偿
第三人支付对价，但未善意取得，原权利人取回财产的，对第三人已支付的对价的处理	（1）转让行为发生在破产申请受理前的，作为普通破产债权清偿
	（2）转让行为发生在破产申请受理后的，作为共益债务清偿

3. 债务人占有的他人财产毁损、灭失，获得的保险金、赔偿金、代偿物

尚未交付给债务人 代偿物虽已交付给债务人但能与债务人财产予以区分的	权利人可主张取回就此获得的保险金、赔偿金、代偿物
保险金、赔偿金已经交付给债务人，或者代偿物已经交付给债务人且不能与债务人财产予以区分的	（1）财产毁损、灭失发生在破产申请受理前的，权利人因财产损失形成的债权，作为普通破产债权清偿
	（2）财产毁损、灭失发生在破产申请受理后的，因管理人或者相关人员执行职务导致权利人损害产生的债务，作为共益债务清偿

---

① 重整时，应当按照合同约定行使取回权。

4. 出卖人的取回权

概念	出卖人的取回权是一种特殊取回权，是指在异地交易中，出卖人已经发运标的物，买受人还没有收到并且也没有付清价款时，买受人就进入破产程序，此时出卖人享有取回权
处理规则	（1）货物在途中且买受人未全额付款：出卖人可取回；管理人可以支付全部价款，要求交付货物 （2）出卖人主张了取回权但未实现，在货物到达管理人后，出卖人向管理人主张取回的，管理人应予准许 （3）出卖人对在途标的物未及时行使取回权，标的物到达管理人后，不能再主张取回权

5. 基于保留所有权买卖协议的取回权

买卖合同双方当事人在合同中约定标的物所有权保留，在标的物所有权未依法转移给买受人前，一方当事人破产的，该买卖合同属于双方均未履行完毕的合同，管理人有权决定继续履行合同或者解除合同。

（三）管理人的撤销权

（可撤销的）欺诈破产行为	法院受理破产申请前1年内，涉及债务人财产的下列行为，管理人有权请求人民法院予以撤销： （1）无偿转让财产的 （2）以明显不合理的价格进行交易的 （3）对没有财产担保的债务提供财产担保的 （4）对未到期的债务提前清偿的（且该债务到期日晚于破产申请受理日） （5）放弃债权的
（可撤销的）个别清偿行为	1. 原则：法院受理破产申请前六个月内，债务人出现破产原因，仍对个别债权人进行清偿的，管理人有权请求人民法院予以撤销
	2. 例外： （1）对以自有财产设定担保物权的债权进行的个别清偿，不能撤销[①] （2）债务人经诉讼、仲裁、执行程序对债权人进行的个别清偿，不予撤销 （3）其他个别清偿不予撤销的情形：债务人为维系基本生产需要而支付水费、电费等的；债务人支付劳动报酬、人身损害赔偿金的；使债务人财产受益的其他个别清偿
管理人行使撤销权的后果	1. 被撤销后，债务人所实施的交易行为失去效力 2. 管理人行使撤销权对应的财产，列入债务人财产 3. 管理人未行使撤销权的，债权人可请求撤销债务人上述行为，并将因此追回的财产归入债务人财产

【例】若甲公司于2017年7月1日被法院受理破产，则处理规则如下：

（1）在①时间段内清偿一笔债权且该债权到期日早于破产受理日→不可撤销。

（2）在②时间段内清偿一笔债权→出现破产原因→可以撤销。

```
                                    ②
                          ┌──────────┐
2016.7.1 ──────→ 2017.1.1 └──────────┘ 2017.7.1      ①到期不可撤销
          └──────────────────────────┘               ②出现破产原因才可撤销
                          ①
```

---

① 注意：此种情形下，债务清偿时担保财产的价值应当高于债权额。

（四）管理人的追回权

1. 对出资的追回

人民法院受理破产申请后，债务人的出资人尚未完全履行出资义务的，管理人应当要求该出资人缴纳所认缴的出资，而不受出资期限的限制。

2. 管理人对企业管理层的特别追回权☆

概念	特别追回权是指债务人的董事、监事和高级管理人员利用职权从企业获取的非正常收入和侵占的企业财产，管理人应当追回	
范围	债务人有**破产原因时**，债务人的董事、监事和高级管理人员利用职权获取的以下收入，应当认定为**非正常收入**	
	（1）**普遍拖欠职工工资情况下获取的工资性收入**	因返还该项非正常收入形成的债权，按照该企业职工平均工资计算的部分作为**拖欠职工工资清偿**；高出该企业职工平均工资计算的部分，**可以作为普通破产债权清偿**
	（2）绩效奖金	债务人的董事、监事和高级管理人员因**返还该项非正常收入形成的债权，可以作为普通破产债权清偿**
	（3）其他非正常收入	

三、破产债权

（一）债权申报

1. 一般规则

可申报的债权（同时满足）	（1）须为以**财产**给付为内容的请求权 （2）须为法院**受理破产申请前**成立的对债务人享有的债权。至于债权的到期时间，不影响申报资格 （3）须为**平等民事主体之间**的请求权 （4）诉讼时效已经届满的债权、无效债权，均不得申报 总结：发生在法院受理破产前、平等民事主体之间、未过诉讼时效的金钱债权
不可申报的债权	（1）职工债权不必申报，由管理人调查后列出清单并予以公示 （2）诉讼时效已经届满的债权 （3）罚金、罚款、违约金 （4）破产申请受理后，债务人欠缴款项产生的滞纳金，包括债务人未履行生效法律文书应当加倍支付的迟延利息和劳动保险金的滞纳金，不作为破产债权申报 （5）债权人参加债权人会议的费用

2. 具体可申报的债权

未到期的债权	未到期的债权，在破产案件受理时**视为已到期**
利息请求权	附利息的债权自**破产申请受理时起停止计息**。**破产申请受理前的利息，随本金一同申报**
待定债权	附条件、附期限的债权和诉讼、仲裁未决的债权，**债权人可以申报**
损害赔偿请求权	管理人或者债务人依照待履行合同的处理解除合同的，对方当事人因合同解除所产生的损害赔偿请求权，可申报债权

（续）

票据付款人的请求权	债务人是票据的出票人，该票据的付款人继续付款或者承兑的，付款人以由此产生的请求权，可申报债权
连带债务人的代位求偿权	（1）债务人的保证人或者其他连带债务人已经代替债务人清偿债务的，以其对债务人的求偿权申报债权 （2）债务人的保证人或者其他连带债务人尚未代替债务人清偿债务的，以其对债务人的将来求偿权申报债权，但是，债权人已经向管理人申报全部债权的除外 （3）破产人的保证人和其他连带债务人，在破产程序终结后，对债权人依照破产清算程序未受清偿的债权，依法继续承担清偿责任
保证债权	（1）债权人有权申报其对保证人的保证债权 （2）主债务未到期的，保证债权在保证人破产申请受理时视为到期。一般保证的保证人不得主张行使先诉抗辩权，但债权人在一般保证人破产程序中的分配额应予提存，待一般保证人应承担的保证责任确定后再按照破产清偿比例予以分配 （3）保证人被确定应当承担保证责任的，保证人的管理人可以就保证人实际承担的清偿额向主债务人或其他债务人行使求偿权
保证人、债务人均被裁定进入破产程序的	（1）债务人、保证人均被裁定进入破产程序的，债权人有权向债务人、保证人分别申报债权 （2）债权人对债务人、保证人均申报全部债权的，从一方破产程序中获得清偿后，其对另一方的债权额不作调整，但债权人的受偿额不得超过其债权总额。保证人履行保证责任后不再享有求偿权

3. 申报期限

（1）由法院确定，自人民法院发布受理破产申请公告之日起计算，30天到3个月。

（2）未在法律规定的期限内申报债权的，可以进行补充申报。但是此前已经进行的分配，不再对其进行补充分配。为审查和确认补充申报债权的费用，由补充申报人承担。

（二）破产抵销权

1. 概念

破产抵销权，是指破产债权人在破产申请受理前对债务人负有债务的，无论其债权与所负债务种类是否相同，也不论该债权债务是否到期或者附有条件，均可以向破产管理人主张用该债权抵销其对债务人所负的债务。

2. 不得抵销的债务[①]

债权人恶意负债	债权人已知债务人有不能清偿到期债务或者破产申请的事实，对债务人负担债务的
次债务人恶意取得债权	债务人的债务人已知债务人有不能清偿到期债务或者破产申请的事实，对债务人取得债权的
股东的特殊债权	债务人的股东不得以下列债务与债务人对其负有的债务抵销： （1）债务人股东因欠缴债务人的出资或者抽逃出资对债务人所负的债务 （2）债务人股东滥用股东权利或者关联关系损害公司利益对债务人所负的债务

[①] 企业破产法所列不得抵销情形的债权人，可以主张以其对债务人特定财产享有优先受偿权的债权，与债务人对其不享有优先受偿权的债权抵销。但是，用以抵销的债权大于债权人享有优先受偿权财产价值的除外。

3. 债权人提出

（1）债权人依据规定行使抵销权，应当向管理人提出抵销主张。

（2）管理人不得主动抵销债务人与债权人的互负债务，但抵销使债务人财产受益的除外。

4. 抵销生效

（1）管理人收到债权人提出的主张债务抵销的通知后，经审查无异议的，抵销自管理人收到通知之日起生效。

（2）管理人对抵销主张有异议的，应当在约定的异议期限内或者自收到主张债务抵销的通知之日起3个月内向人民法院提起诉讼。无正当理由逾期提起的，人民法院不予支持。

（3）人民法院判决驳回管理人提起的抵销无效诉讼请求的，该抵销自管理人收到主张债务抵销的通知之日起生效。

（4）行使抵销权后，未抵销的债权列入破产债权，参与破产分配。

四、债权人会议与债权人委员会

1. 管理人、债权人会议、债权人委员会的职权划分

	财产权	经营权	诉讼权
管理人	（1）接管债务人的财产、印章和账簿、文书资料 （2）调查债务人的财产状况，制作财产状况报告 （3）管理和处分债务人的财产 （4）决定债务人的日常开支和其他必要开支	（1）决定债务人的内部管理事务 （2）在第一次债权人会议召开之前，决定继续或者停止债务人的营业① （3）提议召开债权人会议	代表债务人参加诉讼、仲裁或者其他法律程序
债权人会议	（1）通过债务人财产的管理方案 （2）通过破产财产的变价方案 （3）通过破产财产的分配方案	（1）核查债权 （2）选任和更换债权人委员会成员 （3）通过重整计划 （4）通过和解协议	—
债权人委员会	（1）监督债务人财产的管理和处分 （2）监督破产财产分配	（1）提议召开债权人会议 （2）申请法院更换管理人，审查管理人的费用和报酬 （3）监督管理人	—

2. 重大财产处置

（1）管理人处分债务人重大财产的，应当事先制作财产管理或者变价方案并提交债权人会议进行表决，债权人会议表决未通过的，管理人不得处分。

（2）管理人实施处分前，应当书面报告债权人委员会或者人民法院。

---

① 在第一次债权人会议召开后，由债权人会议决定继续或者停止债务人的营业。

3.债权人会议对债权人委员会的授权

可委托债权人委员会行使的权力	（1）申请人民法院更换管理人，审查管理人的费用和报酬 （2）监督管理人 （3）决定继续或者停止债务人的营业
权力限制	债权人会议不得作出概括性授权，不得委托债权人委员会行使债权人会议所有职权

第二节　破产程序法

一、重整程序

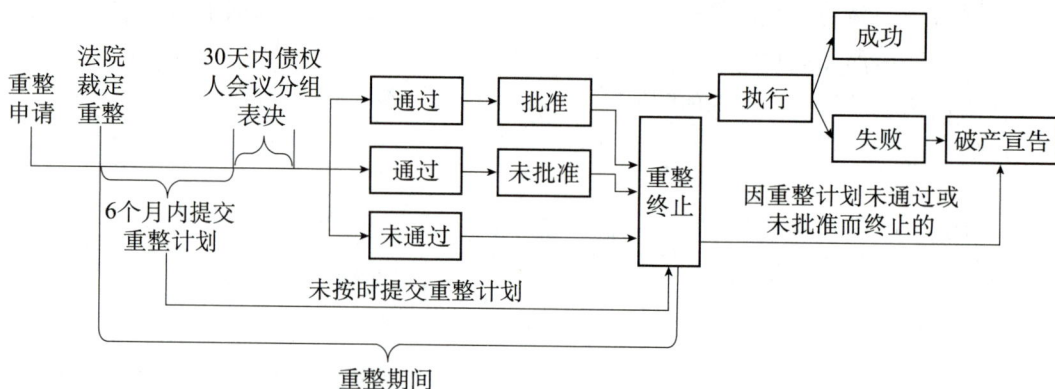

（一）重整期间

自人民法院裁定受理债务人重整之日起至法院裁定批准重整计划草案之日（重整程序终止），为重整期间		
重整期间包括两个阶段	1. 重整计划制备阶段①:从人民法院裁定受理债务人重整之日起，到债务人或者管理人向人民法院和债权人会议提交重整计划草案时止	
	2. 重整计划通过阶段②:从重整计划草案提交时起，到债权人会议表决后人民法院裁定批准或不批准重整计划并终止重整程序时止，或者依据表决未通过的事实裁定终止重整程序时止	
重整期间的营业保护	对担保物权的限制	对债务人的特定财产享有的担保权暂停行使
	新借款	债务人或者管理人为继续营业而借款的，可以为该借款设定担保
	对取回权的限制	债务人合法占有的他人财产，该财产的权利人在重整期间要求取回的，应当符合事先约定的条件
	对出资人和管理层的限制	债务人的出资人不得请求投资收益分配
		债务人的董事、监事、高级管理人员不得向第三人转让其持有的债务人的股权。但是，经人民法院同意的除外

---

① 这一期间通常为6个月，但有正当理由的，经债务人或者管理人请求，人民法院可以裁定延期3个月。

② 这一期间没有法定期限，由人民法院酌情决定。

（二）重整计划的表决

重整计划的制作	1. 债务人自行管理财产和营业事务的，由债务人制作重整计划草案
	2. 管理人负责管理财产和营业事务的，由管理人制作重整计划草案
重整计划可减免的项目	债务人所欠职工的工资等，所欠的应当划入职工个人账户的基本养老保险、基本医疗保险费用，以及法律、行政法规规定应当支付给职工的补偿金
不可减免的项目	重整计划不得规定减免债务人欠缴的上述以外的社会保险费用（社保统筹账户欠款）；该项费用的债权人不参加重整计划草案的表决
重整计划的表决和通过	1. 分组表决。有担保债权组、职工债权组、税收债权组、普通债权组。涉及出资人权益的，应设出资人组表决
	2. 每一组内，出席会议的同一表决组的债权人过半数同意重整计划草案，并且其所代表的债权额占该组债权总额的 2/3 以上，即为该组通过重整计划草案①
	3. 每组都通过，重整计划通过
重整计划的批准	法院对通过的重整计划的审查批准。一旦裁定批准，则终止重整程序，破产程序终结
重整计划的效力	1. 对债务人和全体债权人均有约束力 2. 债权人未依法申报债权，在重整计划执行期间不得行使权利；在重整计划执行完毕后，可以按照重整计划规定的同类债权的清偿条件行使权利 3. 债权人对债务人的保证人和其他连带债务人所享有的权利，不受重整计划的影响

（三）重整计划的执行

1. 重整计划的执行

重整计划由债务人负责执行，由管理人监督重整计划的执行。人民法院裁定批准重整计划后，已接管财产和营业事务的管理人应当向债务人移交财产和营业事务。

2. 重整计划的终止

重整计划执行因执行不能而终止	债务人不能或者不执行重整计划的，法院经管理人或者利害关系人请求，裁定终止重整计划的执行，宣告破产
	① 人民法院裁定终止重整计划执行的，债权人在重整计划中作出的债权调整的承诺失去效力。债权人因执行重整计划所受的清偿仍然有效，债权未受清偿的部分作为破产债权
	② 前款规定的债权人，只有在其他同顺位债权人同自己所受的清偿达到同一比例时，才能继续接受分配
	③ 为重整计划的执行提供的担保继续有效
重整计划因执行完毕而终止	

---

① 注意：该表决规则为债权人表决规则，投资人表决组进行表决，应当适用股东会决议规则。

二、和解程序

和解协议的成立和生效	1. 和解协议的成立	债权人会议通过和解协议的决议，由出席会议的有表决权的债权人过半数同意，并且其所代表的债权额占无财产担保债权总额的 2/3 以上
	2. 和解协议的生效	和解协议必须经人民法院裁定认可才能生效
	和解债权人对债务人的保证人和其他连带债务人所享有的权利，不受和解协议的影响	
	对债务人的特定财产享有担保权的权利人，自法院裁定和解之日起可以行使优先受偿权	
和解协议的效力	1. 和解协议对债务人和全体和解债权人均有约束力 2. 和解债权人未依法申报债权的，在和解协议执行期间不得行使权利；在和解协议执行完毕后，可以按照和解协议规定的清偿条件行使权利 3. 和解债权人对债务人的保证人和其他连带债务人所享有的权利，不受和解协议的影响 4. 按照和解协议减免的债务，自和解协议执行完毕时起，债务人不再承担清偿责任	
和解协议的执行不能	同重整	

三、破产清算程序

（一）破产宣告

破产宣告，标志着破产案件无可逆转地进入清算程序，债务人无可挽回地陷入破产倒闭。

（二）三大程序转换

三大程序	和解、重整和破产清算	
申请	1. 债务人可以申请和解、重整或破产清算	
	2. 债权人可以申请重整或破产清算	
转化	1. 债权人申请破产清算的案件→债务人可以申请和解	**在破产宣告前**
	2. 债权人申请破产清算的案件→债务人可以申请重整	
	3. 债权人申请破产清算的案件→出资人可以申请重整	
	4. 和解失败→经破产宣告转入破产清算程序	一旦经破产宣告进入破产清算程序，则不得转入和解或重整程序
	5. 重整失败→经破产宣告转入破产清算程序	

（三）破产清偿

别除权	是指对特定财产享有担保权的权利人，对特定财产享有优先受偿的权利	
	别除权的行使	（1）债权已依法申报并获得确认 （2）别除权以破产人的特定财产为标的物 （3）别除权的行使不参加集体清偿程序 （4）别除权的标的物不计入破产财产（别除权标的物属于债务人财产） （5）别除权的标的物不得用于清偿破产费用和共益债务 （6）建设工程价款优先于别除权清偿
	别除权的标的物的回赎	（1）有财产担保的债权人放弃优先受偿权利的，其债权作为普通债权，依破产清偿程序行使权利 （2）管理人可以通过清偿债务或者提供为债权人接受的担保，收回质物、留置物
普通清偿顺序	1. 职工工资和医疗、伤残补助、抚恤费用、社会保险等 【注】董事、监事、高级管理人员的工资按照企业职工的平均工资计算	
	2. 欠缴的除前项以外的社会保险费用和破产人所欠税款	
	3. 普通债权	

第六章　票据法

一、票据的概念、种类、特征

（一）概念

票据是指由出票人签发的、约定由自己或委托他人于见票时或票据所载日期，向持票人或收款人无条件支付一定金额的有价证券。

（二）种类

汇票	汇票是出票人签发的，委托付款人在见票时或者在指定日期无条件支付确定的金额给收款人或者持票人的票据。汇票分为银行汇票和商业汇票
本票	本票是出票人签发的，承诺自己在见票时无条件支付确定的金额给收款人或者持票人的票据。票据法所称本票，是指银行本票
支票	支票是出票人签发的，委托办理支票存款业务的银行或者其他金融机构在见票时无条件支付确定的金额给收款人或者持票人的票据

（三）特征

流通性	票据的基本功能就是流通，票据法的立法宗旨就是保证票据流通的安全
无因性	是指票据权利人在行使票据权利时，无须证明给付原因，票据债务人也不得以原因关系对抗善意第三人
独立性	是指就同一票据所为的若干票据行为互不牵连，都分别依各行为人在票据上记载的内容，独立地发生效力
文义性	票据权利义务的内容必须严格按照票据上所载文义确定
要式性	1. 票据记载事项要严格按照规定，否则会影响票据的效力 2. 票据上的行为必须严格按照规定的程序和规则进行
设权性与提示性	无票据无权利，行使票据权利必须出示票据

【例1】A、C 有合同关系，A 出汇票（A 出 B 付）给 C 以履行合同义务，C 将汇票背书转让给 D，此时即使 A、B 之间的资金关系或者 A、C 之间的原因关系有瑕疵，根据无因性的要求，付款人 B 也不得拒绝付款给 D。

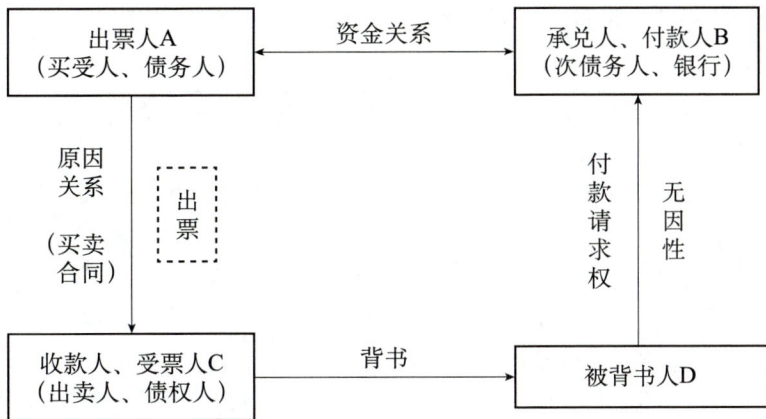

二、票据行为

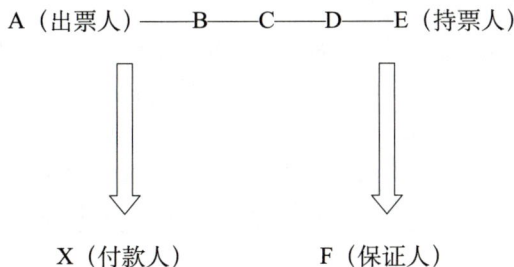

（一）出票☆☆☆

出票是以行为人在票据上进行必备事项的记载、完成签章并予以交付为要件的要式法律行为。

汇票必须记载的事项①	1. 表明"汇票"的字样 2. 无条件支付的委托 3. 确定的金额②→票据金额以中文大写和数码同时记载，二者必须一致，二者不一致的，票据无效 4. 付款人名称 5. 收款人名称 6. 出票日期 7. 出票人签章。汇票上未记载前款规定事项之一的，汇票无效
出票人"禁转背书"	出票人在汇票上记载"不得转让"字样的，汇票不得转让。转让的不发生背书转让的效力。即背书转让后的受让人不得享有票据权利，票据的出票人、承兑人对受让人不承担票据责任

（二）背书

背书是指在票据背面或者粘单上记载有关事项并签章，从而将票据权利转让给他人或者将一定的票据权利授予他人行使的票据行为。

---

① 在法考中，主要以汇票为主体进行考查，故本书中一般以汇票作为示例。
② 注意：在支票的出票中，金额、收款人名称允许授权补记。

背书转让无须经票据债务人同意，背书转让的转让人不退出票据关系。

1. 背书转让规则

背书应当连续	票据转让中，转让汇票的背书人与受让汇票的被背书人在汇票上的签章依次前后衔接 【注意：票据转让后，背书人从债权人转为债务人】
背书人的限制背书	背书人在汇票上记载"不得转让"字样，其后手再背书转让的，原背书人对后手的被背书人不承担保证责任
不得附条件背书	背书不得附有条件，背书时附有条件的，所附条件不具有汇票上的效力
期后背书	汇票被拒绝承兑、被拒绝付款或者超过付款提示期限的，不得背书转让；背书转让的，背书人应当承担汇票责任（即期后背书，被背书人以背书人为被告行使追索权而提起诉讼的，人民法院应当依法受理）
回头背书	（1）持票人为出票人的，对其前手无追索权 （2）持票人为背书人的，对其后手无追索权
部分背书和分别背书	将汇票金额的一部分转让的背书或者将汇票金额分别转让给2人以上的背书无效，票据权利不发生转移
委托收款背书	背书记载"委托收款"字样的： （1）被背书人有权代背书人行使被委托的汇票权利 （2）但是，被背书人不得再以背书转让汇票权利

2. 质押背书

概念	以设定质权、提供债务担保为目的而进行的背书
方式	背书人在设定质押背书时，必须在背书中载明"质押"字样，并签名盖章
法律效果	（1）质押背书的被背书人在实现债权时，不限定在设质的债权范围内，而是可以依票据请求全部票据金额的完全给付
	（2）质押背书的被背书人以质押票据再行背书或者背书转让票据，背书行为无效
	（3）出票人在票据上记载"不得转让"字样，其后手以此票据进行贴现、质押的，通过贴现、质押取得票据的持票人不享有票据权利
	（4）背书人在票据上记载"不得转让""委托收款""质押"字样，其后手再背书转让、委托收款或者质押的，原背书人对后手的被背书人不承担票据责任，但不影响出票人、承兑人以及原背书人之前手的票据责任

（三）保证

保证是指债务人以外的第三人为了保证债务的履行而提供的担保。

成立	绝对必要记载事项	（1）表明"保证"的字样 （2）保证人签章
	相对必要记载事项	（1）保证人名称和住所 （2）被保证人名称。保证人未记载被保证人名称的，已承兑的汇票，承兑人为被保证人；未承兑的汇票，出票人为被保证人 （3）保证日期。保证人未记载保证日期的，以出票日期为保证日期

（续）

法律效果	法定连带责任保证	保证人与被保证人之间以及保证人之间就票据债务负连带责任
	保证具有独立性	保证不会因为原因关系无效而无效；但因汇票记载事项欠缺而无效的除外
	保证不得附条件	附条件者，保证依然有效，所附条件视为无记载
	保证人的代位权	保证人清偿汇票债务后，可以行使持票人对被保证人及其前手的追索权

（四）承兑

承兑是指汇票付款人承诺在汇票到期日支付汇票金额的票据行为。

提示承兑	对于见票后定期付款的汇票，持票人应当自出票日起1个月内，提示承兑；见票即付的汇票无须承兑
附条件承兑	承兑不得附有条件（部分承兑亦视为附条件），附条件则视为拒绝承兑

（五）付款

狭义的票据付款是指付款人或承兑人在票据到期时，对持票人所进行的票据金额的支付。

1. 以恶意或重大过失付款的，付款人应当自行承担责任。

2. 对定日付款、出票后定期付款或者见票后定期付款的汇票，付款人在到期日前付款的，由付款人自行承担所产生的责任。

（六）票据贴现

票据贴现是指持票人需要资金时，将持有的未到期的商业汇票，通过背书的方式转让给银行，银行在票据金额中扣除贴现利息后，将余款支付给贴现申请人的票据行为。贴现既是一种票据转让行为，又是一种银行授信行为。银行通过接受汇票而给持票人短期贷款，汇票到期时，银行就能通过收回汇票金额而冲销贷款。如果银行到期不能获得票据付款，则可以向汇票的所有债务人行使追索权。有关汇票贴现的考察角度，主要包括以下内容：

限制背书	有关限制背书的规则，同样适用贴现制度 （1）出票人在票据上记载"不得转让"字样，其后手以此票据贴现的，通过贴现取得票据的持票人不享有票据权利 （2）背书人在票据上记载"不得转让"字样，其后手对此票据进行贴现的，原背书人对后手的被背书人不承担票据责任
转贴现	转贴现是贴现银行向其他商业银行背书转让票据的票据行为
合谋伪造贴现申请材料的后果	（1）贴现行的负责人或者有权从事该业务的工作人员与贴现申请人（持票人）合谋，伪造贴现申请人与其前手之间具有真实的商品交易关系的合同、增值税专用发票等材料申请贴现的，贴现行不享有票据权利 （2）对贴现行因支付资金而产生的损失，按照基础关系处理

（续）

民间贴现行为的效力	（1）票据贴现属于国家特许经营业务，只有金融机构可以从事该业务。合法持票人向不具有法定贴现资质的当事人进行"贴现"的，该行为应当认定无效，贴现款和票据应当相互返还 （2）当事人不能返还票据的，原合法持票人可以拒绝返还贴现款 （3）根据票据无因性原理，在合法持票人向不具有贴现资质的主体进行"贴现"，该"贴现"人给付贴现款后直接将票据交付其后手，其后手支付对价并记载自己为被背书人后，又基于真实的交易关系和债权债务关系将票据进行背书转让的情形下，应当认定最后持票人为合法持票人

三、票据权利

（一）票据权利的类型

票据权利是指持票人向票据债务人请求支付票据金额的权利，包括付款请求权和追索权。

1. 付款请求权

付款请求权是持票人请求主债务人（付款人或承兑人）支付票据所载金额的权利。

持票人必须首先向付款人（或承兑人）行使该项请求权，而不能越过它直接行使追索权。

2. 追索权

汇票的追索权是指在法定情况下，持票人向其前手，也就是背书人、出票人以及汇票的其他债务人请求支付票据金额的权利。

行使追索权的原因	（1）汇票到期被拒绝付款的 （2）汇票到期日前，有下列情形之一的： ①汇票被拒绝承兑的 ②承兑人或者付款人死亡、逃匿的 ③承兑人或者付款人被依法宣告破产的或者因违法被责令终止业务活动的
行使追索权的条件	（1）持票人行使追索权时，应当提供被**拒绝承兑或者被拒绝付款的有关证明** （2）**持票人不能出示**拒绝证明、退票理由书或者未按照规定期限提供其他合法证明，**丧失对其前手的追索权**。但是，**承兑人或者付款人仍应当对持票人承担责任** （3）持票人提示承兑或者提示付款被拒绝的，承兑人或者付款人必须出具拒绝证明，或者出具退票理由书。未出具拒绝证明或者退票理由书的，应当承担由此产生的**民事责任**
追索权的行使规则	持票人可以对背书人、出票人以及汇票的其他债务人行使追索权（前手的连带责任） （1）追索权具有**选择性**。持票人可以不按照汇票债务人的先后顺序，对其中任何一人、数人或者全体行使追索权 （2）追索权具有**变更性**。持票人对汇票债务人中的一人或者数人已经进行追索的，对其他汇票债务人仍可以行使追索权 （3）追索权具有**代位性**。被追索人清偿债务后，与持票人享有同一权利
再追索	被追索人清偿债务后，与持票人享有同一追索权利，可以再向其他汇票债务人行使追索权，直至汇票上的债权债务关系因履行或其他法定原因消灭为止

（二）票据权利的瑕疵

所谓票据权利的瑕疵，是指影响票据效力的行为。

1. 伪造

含义	是指以行使票据权利义务为目的，假冒或虚构他人名义在票据上签章，伪为票据的行为
后果	票据上伪造、变造的签章不影响真实签章的效力，其他签章人仍须依其签章按照票据所载文义承担票据责任 【注意：伪造人、被伪造签名的人都不承担票据责任】

2. 无权代理

没有代理权而以代理人名义在票据上签章的，应当由签章人承担票据责任；代理人超越代理权限的，应当就其超越权限的部分承担票据责任。

3. 行为能力限制

无民事行为能力人或者限制民事行为能力人在票据上签章的，其签章无效，但是不影响其他签章的效力。

4. 变造

含义	是指没有变更权限的人变更票据上除签章外其他记载事项的行为
后果	在变造之前签章的人，对原记载事项负责；在变造之后签章的人，对变造之后的记载事项负责；不能辨别是在票据被变造之前或者之后签章的，视同在变造之前签章

5. 更改

含义	是指将票据上的记载事项更改的行为
后果	（1）票据金额、日期、收款人名称不得更改，更改的票据无效 （2）对票据上的其他记载事项（如付款人名称、付款日期、付款地、出票地等），原记载人可以更改，更改时只需签章证明即可

6. 涂销

含义	是指将票据上的签名或者其他记载事项涂抹消除的行为
后果	（1）权利人故意：涂销事项为金额、日期、收款人名称的，票据无效 （2）权利人非故意：涂销行为无效 （3）非权利人：发生伪造、变造的法律后果，承担相应的法律责任

（三）票据抗辩

票据抗辩，是指票据债务人根据票据法的规定对票据债权人的债权请求，拒绝履行其票据债务的行为。票据抗辩可以分为对物的抗辩和对人的抗辩。

1. 对物的抗辩

对物的抗辩，是指因票据本身所存在的事由而发生的抗辩。

常见票面记载导致无效的事由：

（1）出票时有条件的委托或承诺。

（2）票据金额更改。

（3）<u>票面金额大小写不一致</u>。

（4）<u>票据超过时效期间</u>。

（5）票据不连续。

（6）票据因记载内容欠缺而无效。

（7）除权判决后无效。

（8）票据尚未到期。

2. 对人的抗辩

对人的抗辩，是指因票据债务人和特定的票据权利人（持票人）之间存在一定关系而发生的抗辩。

抗辩理由	票据债务人可以对不履行约定义务的与自己有直接债权债务关系的持票人，进行抗辩
票据抗辩的限制（抗辩切断制度）	（1）票据债务人不得以自己与出票人或者持票人的前手之间的抗辩事由，对抗持票人。但是，持票人明知存在抗辩事由而取得票据的除外
	（2）因税收、继承、赠与可以依法无偿取得票据的，不受给付对价的限制。但是，所享有的票据权利不得优于其前手的权利
票据抗辩的限制（对人抗辩）	A出票给B，B不交付货物给A（B违约）。现将抗辩的情况归纳如下： B向A追索 → A可拒绝付款（A、B间有直接债权债务关系） B背书给C → A不可抗辩C（无直接债权债务关系） B送给C → A可抗辩C（无偿取得的权利不得优于其前手） C明知，仍从B处取得 → A可抗辩C（知情抗辩）

（四）票据丧失与补救

1. 挂失止付

（1）票据丧失，失票人可以及时通知票据的付款人挂失止付，但是，未记载付款人或者无法确定付款人及其代理付款人的票据除外。（注意：票据本身不会因为挂失止付而无效）

（2）收到挂失止付通知的付款人，应当<u>暂停支付</u>。若付款人违反该规定继续付款的，应当向权利人承担赔偿责任。

（3）失票人应当在通知挂失止付后3日内，也可以在票据丢失后，依法向人民法院申请公示催告，或者向人民法院提起诉讼。故挂失止付不是公示催告和诉讼的必经程序。

2. 公示催告

（1）按规定可以背书转让的票据持有人，因票据被盗、遗失或者灭失，可以向票据支付地的基层人民法院申请公示催告。

（2）公示催告的期间，由人民法院根据情况决定，但不得少于60日。

（3）支付人收到人民法院停止支付的通知，应当停止支付，至公示催告程序终结。

（4）公示催告期间，转让票据权利的行为无效。（同理，以公示催告的票据质押、贴现而获得票据的持票人也不享有票据权利）

（5）法院作出除权判决，宣告票据无效。

3. 普通诉讼

失票人在丧失票据后，可以直接向法院提起民事诉讼，请求法院判令票据债务人向其支付票据金额。我国票据法没有对该程序作出详细规定。

（五）支票

概念	支票是出票人签发的，委托办理支票存款业务的银行或者其他金融机构在见票时无条件支付确定的金额给收款人或者持票人的票据
付款人限制	对支票付款人的资格有严格限制，仅限于银行或其他金融机构，不能是其他法人或自然人
禁止签发空头支票	支票的出票人所签发的支票金额不得超过其付款时在付款人处实有的存款金额
允许授权补记	1. 支票上的金额可以由出票人授权补记，未补记前的支票，不得使用 2. 支票上未记载收款人名称的，经出票人授权，可以补记。出票人可以在支票上记载自己为收款人
分类	现金支票，只能用于支取现金；转账支票只能用于转账，不得支取现金
付款	支票限于见票即付，不得另行记载付款日期。另行记载付款日期的，该记载无效（但支票有效），支票的持票人应当在出票日起10日内提示付款
	因超过提示付款期限付款人不予付款的，持票人仍享有票据权利，出票人仍应对持票人承担票据责任，支付票据所载金额

第七章　证券法

一、证券发行

证券的发行，即通常所谓的"一级市场"它是通过发行证券进行筹资活动的市场。其功能在于一方面为资本的需求者提供募集资金的渠道，另一方面为资本的供应者提供投资的场所。

公开发行	界定	（1）向**不特定**对象发行证券的 （2）向**特定对象发行证券累计超过200人的**，但依法实施员工持股计划的员工人数不计算在内 （3）其他
	注册要求	（1）**公开发行应依法注册** （2）注册机构：证监会或者国务院授权部门
	公司首次公开发行新股的条件	（1）具备健全且运行良好的组织机构 （2）**具有持续经营能力** （3）**最近3年财务会计报告被出具无保留意见审计报告** （4）**发行人及其控股股东、实际控制人最近3年不存在贪污、贿赂、侵占财产、挪用财产或者破坏社会主义市场经济秩序的刑事犯罪** （5）经国务院批准的国务院证券监督管理机构规定的其他条件
非公开发行		非公开发行证券，不得采用广告、公开劝诱和变相公开方式
发行价格		1. 允许平价发行、溢价发行，不允许折价发行 2. 溢价发行的，其发行价格由发行人与承销的证券公司协商确定
欺诈发行股票回购机制		股票的发行人在招股说明书等证券发行文件中隐瞒重要事实或者变造重大虚假内容，已经发行并上市的，国务院证券监督管理机构可以责令发行人回购证券、或者责令负有责任的控股股东、实际控制人买回证券

二、证券交易

证券交易也即通常而言的"二级市场"是指对已经依法发行的证券的买卖、转让和流通的市场。

1. 对从业人员的禁限（禁收、禁持、禁交易）[1]

证券交易场所、证券公司和证券登记结算机构的从业人员，证券监督管理机构的工作人员以及法律、行政法规规定禁止参与股票交易的其他人员，在任期或者法定限期内，不得直接或者以化名、借他人名义持有、买卖股票或者其他具有股权性质的证券，也不得收受他人赠送的股票或者其他具有股权性质的证券。

2. 对服务机构（人员）的禁限（承销：6 个月；委托：5 日）

为证券发行出具审计报告或者法律意见书等文件的证券服务机构和人员，在该证券承销期内和期满后 6 个月内，不得买卖该证券。

除前述规定外，为发行人及其控股股东、实际控制人，或者收购人、重大资产交易方出具审计报告或者法律意见书等文件的证券服务机构和人员，自接受委托之日起至上述文件公开后 5 日内，不得买卖该证券。实际开展上述有关工作之日早于接受委托之日的，自实际开展上述有关工作之日起至上述文件公开后 5 日内，不得买卖该证券。

3. 对短线交易的限制

上市公司、股票在国务院批准的其他全国性证券交易场所交易的公司持有 5% 以上股份的股东、董事、监事、高级管理人员，将其持有的该公司的股票或者其他具有股权性质的证券在买入后 6 个月内卖出，或者在卖出后 6 个月内又买入，由此所得收益归该公司所有，公司董事会应当收回其所得收益。但是，证券公司因购入包销售后剩余股票而持有 5% 以上股份，以及有国务院证券监督管理机构规定的其他情形的除外。

前款所称董事、监事、高级管理人员、自然人股东持有的股票或者其他具有股权性质的证券，包括其配偶、父母、子女持有的及利用他人账户持有的股票或者其他具有股权性质的证券。

公司董事会不按照第一款规定执行的，股东有权要求董事会在 30 日内执行。公司董事会未在上述期限内执行的，股东有权为了公司的利益以自己的名义直接向人民法院提起诉讼。

公司董事会不按照第一款的规定执行的，负有责任的董事依法承担连带责任。

三、信息公开

（一）报告制度

定期报告	中期报告：在每一个会计年度的**上半年结束之日起 2 个月内**，报送并公告中期报告（7 月 1 日—8 月 31 日）
	年度报告：在每一会计年度结束之日起 **4 个月内**，报送并公告年度报告，其中的年度财务会计报告应当经符合证券法规定的会计师事务所审计（1 月 1 日—4 月 30 日）
临时报告	发生可能对证券交易价格产生较大影响的重大事件，投资者尚未得知时，公司应当立即将有关该重大事件的情况向国务院证券监督管理机构和证券交易场所报送临时报告，并予公告，说明事件的起因、目前的状态和可能产生的法律后果

---

[1] 实施股权激励计划或者员工持股计划的证券公司的从业人员，可以按照国务院证券监督管理机构的规定持有、卖出本公司股票或者其他具有股权性质的证券。

（二）信息公开不实的法律后果

信息披露义务人未按照规定披露信息，或者公告的证券发行文件、定期报告、临时报告及其他信息披露资料存在虚假记载、误导性陈述或者重大遗漏，致使投资者在证券交易中遭受损失的，信息披露义务人应当承担赔偿责任

无过错责任	信息披露义务人
过错推定责任	发行人的**控股股东、实际控制人、董事、监事、高级管理人员和其他直接责任人员以及保荐人、承销的证券公司及其直接责任人员、证券服务机构**，应当与发行人承担连带赔偿责任，但是能够证明自己没有过错的除外
先行赔付规则	发行人因欺诈发行、虚假陈述或者其他重大违法行为给投资者造成损失的： （1）**发行人的控股股东、实际控制人、相关的证券公司**可以**委托投资者保护机构**，就赔偿事宜与受到损失的投资者达成协议，**予以先行赔付** （2）先行赔付后，可以依法向发行人以及其他连带责任人**追偿**

四、上市公司收购

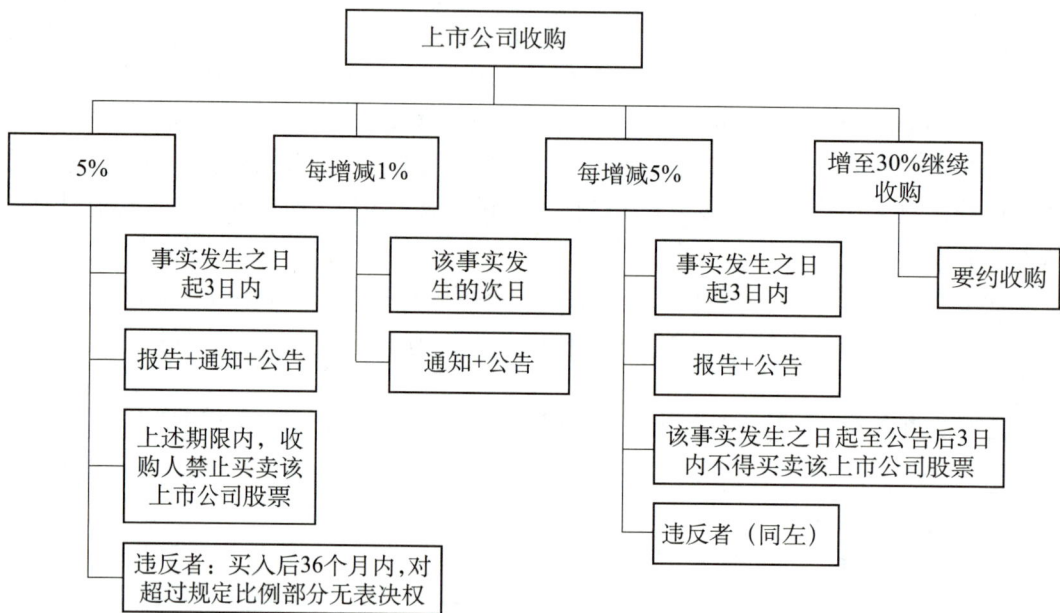

（一）权益变动披露规则

达到 5% （*T*+3）	通过证券交易所的证券交易，投资者持有或者通过协议、其他安排与他人共同持有一个上市公司已发行的有表决权股份**达到 5% 时**，应当在该事实发生之日起**3 日内**，向国务院证券监督管理机构、证券交易所作出**书面报告**，**通知**该上市公司，并予公告，在上述期限内不得再行买卖该上市公司的股票，但国务院证券监督管理机构规定的情形除外

（续）

增减 5% （$T+X+3$）	投资者持有或者通过协议、其他安排与他人共同持有一个上市公司已发行的有表决权股份达到 5% 后，其所持该上市公司已发行的有表决权股份比例每增加或者减少 5%，应当依照前款规定进行报告和公告，在该事实发生之日起至公告后 3 日内，不得再行买卖该上市公司的股票，但国务院证券监督管理机构规定的情形除外
增减 1% （$T+1$）	投资者持有或者通过协议、其他安排与他人共同持有一个上市公司已发行的有表决权股份达到 5% 后，其所持该上市公司已发行的有表决权股份比例每增加或者减少 1%，应当在该事实发生的次日通知该上市公司，并予公告
表决权限制	敏感期内（初始的 5% 的 $T+3$ 及后续的增减 5% 的 $T+X+3$）买入的，在买入后的 36 个月内，对超过规定比例部分的股份不得行使表决权
披露内容	要求披露增持股份的资金来源

（二）要约收购

通过证券交易所的证券交易，投资者持有或者通过协议、其他安排与他人共同持有一个上市公司已发行的有表决权股份达到 30% 时，继续进行收购的，应当依法向该上市公司所有股东发出收购上市公司全部或者部分股份的要约

条件	持有一个上市公司已发行的有表决权股份已达到 30% 且继续收购的，应当发出要约
对象	向该上市公司所有股东发出要约，收购条件适用于被收购公司的所有股东
内容	收购上市公司全部或者部分股份
收购期限	不得少于 30 日，并不得超过 60 日
排他性	收购人在收购期限内，不得卖出被收购公司的股票，也不得采取要约规定以外的形式和超出要约的条件买入被收购公司的股票
不可撤销性	在收购要约确定的承诺期限内，收购人不得撤销其收购要约
可变更收购要约	收购人需要变更收购要约的，应当及时公告，载明具体变更事项，且不得存在下列情形： （1）降低收购价格 （2）减少预定收购股份数额 （3）缩短收购期限 （4）国务院证券监督管理机构规定的其他情形
法律后果	1. 在上市公司收购中，收购人持有的被收购的上市公司的股票，在收购行为完成后的 18 个月内不得转让 2. 收购期限届满，被收购公司股权分布不符合上市要求的，终止上市交易 3. 被收购公司不再具备股份有限公司条件的，应当依法变更企业形式

五、投资者保护

（一）证券公司的义务

1. 证券公司应如实说明证券、服务的重要内容，充分揭示投资风险，销售、提供与投资者上述状况相匹配的证券、服务。

2. 证券公司违反上述规定导致投资者损失的，应当承担相应的赔偿责任。

3. 投资者拒绝提供或者未按照要求提供信息的，证券公司应当告知其后果，并按照规定拒绝向其销售证券、提供服务。

4. 普通投资者与证券公司发生纠纷的，证券公司应当证明其行为符合法律、行政法规以及国务院证券监督管理机构的规定，不存在误导、欺诈等情形。证券公司不能证明的，应当承担相应的赔偿责任。

5. 普通投资者与证券公司发生证券业务纠纷，普通投资者提出调解请求的，证券公司不得拒绝。

（二）征集人制度

征集人的范围	上市公司董事会、独立董事、持有 1% 以上有表决权股份的股东或者依照法律、行政法规或者国务院证券监督管理机构的规定设立的投资者保护机构，可以作为征集人
征集人的权利	自行或者委托证券公司、证券服务机构，公开请求上市公司股东委托其代为出席股东会，并代为行使提案权、表决权等股东权利。征集股东权利的，征集人应当披露征集文件，上市公司应当予以配合
征集人的义务	禁止以有偿或者变相有偿的方式公开征集股东权利

（三）股息分配

1. 在章程中明确分配现金股利的具体安排和决策程序，依法保障股东的资产收益权。

2. 上市公司当年税后利润，在弥补亏损及提取法定公积金后有盈余的，应当按照公司章程的规定分配现金股利。

（四）投资者保护机构

申请调解	投资者与发行人、证券公司等发生纠纷的，双方可以向投资者保护机构申请调解
支持起诉	投资者保护机构对损害投资者利益的行为，可以依法支持投资者向人民法院提起诉讼
股东代表诉讼	发行人的董事、监事、高级管理人员执行公司职务时，侵犯公司合法权益给公司造成损失，投资者保护机构持有该公司股份的，可以为公司的利益以自己的名义向人民法院提起诉讼，持股比例和持股期限不受公司法规定的限制
证券集团诉讼	投资者保护机构受 50 名以上投资者委托，可以作为代表人参加诉讼，并为经证券登记结算机构确认的权利人依照规定向人民法院登记，但投资者明确表示不愿意参加该诉讼的除外

（五）民事赔偿

1. 承担民事赔偿责任和缴纳罚款、罚金、违法所得，违法行为人的财产不足以支付的，优先用于承担民事赔偿责任。

2. 投资者提起虚假陈述等证券民事赔偿诉讼时，诉讼标的是同一种类，且当事人一方人数众多的，可以依法推选代表人进行诉讼。

第八章　保险法

扫描右侧二维码"听课 + 做题"，直达最佳学习效果

1. 在线听课：学习本章节核心考点讲解课程。
2. 在线刷题：点击🏠进入题库做章节练习。

第一节　保险法总论

一、保险法的基本原则

（一）保险利益原则 ☆☆

保险利益，是指投保人或者被保险人对保险标的具有法律上承认的利益。其目的在于防止道德风险的发生。

	人身保险	财产保险
时间要求	订立合同时，投保人对被保险人应当具有保险利益	保险事故发生时，被保险人应当对保险标的具有保险利益
对象要求	投保人对下列人员具有保险利益： （1）本人 （2）配偶、子女、父母 （3）前项以外与投保人有抚养、赡养或者扶养关系的家庭其他成员、近亲属 （4）与投保人有劳动关系的劳动者 除上述规定外，被保险人同意投保人为其订立合同的，视为投保人对被保险人具有保险利益	法律无直接规定。 依据财产保险中保险利益的构成——合法性、经济性、确定性进行判断
后果	若订立合同时无保险利益，保险人不得承保；若已经承保的，保险合同无效，保险人扣除手续费后，应当退还保费	被保险人对保险标的不具有保险利益的，不得向保险人请求赔偿
法院审查要求	法院应主动审查投保人订立保险合同时是否具有保险利益，以及以死亡为给付保险金条件的合同是否经过被保险人同意并认可保险金额	法院无审查要求

（二）最大诚实信用原则 ☆☆

保险活动当事人行使权利、履行义务应当遵循诚实信用原则。

1. 订立合同时，投保人应如实告知

如实告知的内容	未如实告知的后果		对保险人解除合同的限制
（1）订立合同时，投保人**明知**的保险标的或者与被保险人有关的情况，属于"应当如实告知的内容" （2）告知义务，限于保险人询问的范围和内容 （3）对询问范围及内容有争议的，保险人负举证责任 （4）人身保险中，体检不免除"如实告知义务" （5）人身保险中，保险人知道体检结果，投保人可不告知相关状况	故意不告知	重大过失未告知	（1）明知 + 收取保费—不可解除（禁反言） （2）明知 + 超过 30 日——不可解除 （3）合同成立超过 2 年——不可解除 （4）未告知"概括性条款"——不可解除 （5）保险人未行使合同解除权，不得直接以"未如实告知"为由拒绝赔偿
	（1）解除合同 （2）不支付保险金 （3）不退保费，即不赔要退	（1）解除合同 （2）不支付保险金 （3）退保费，即不赔要退	

2. 订立合同时，保险人的提示义务

对保险合同中免除保险人责任的条款，保险人在订立合同时应当在投保单、保险单或者其他保险凭证上作出足以引起投保人注意的提示，并对该条款的内容以书面或者口头形式向投保人作出明确说明；未作提示或者明确说明的，该条款不产生效力。

二、保险合同

保险合同是投保人与保险人约定保险权利义务关系的协议。

（一）保险合同当事人和关系人 ☆ ☆

保险合同当事人	保险人	保险人又称承保人，是指与投保人订立保险合同，并承担赔偿责任或者给付保险金责任的保险公司
	投保人	投保人又称为要保人，是指与保险人订立保险合同，并按照保险合同负有支付保险费义务的人
保险合同关系人	被保险人	是指约定的保险事故可能在其财产或人身上发生的人
	受益人	是指在人身保险中，由被保险人或投保人指定的，在保险合同中约定于保险事故发生时，享有赔偿请求权的人

（二）保险合同的成立

一般规则	投保人提出保险要求，经保险人同意承保，保险合同成立
代签字	投保人没有亲自签字或者盖章，而由保险人或者保险人的代理人代为签字或者盖章的，对投保人不生效。但投保人已经交纳保险费的，视为其对代签字或者盖章行为的追认
代填单	保险人或者保险人的代理人代为填写保险单证后经投保人签字或者盖章确认的，代为填写的内容视为投保人的真实意思表示

（续）

保险合同审查期间事故的处理	保险人接受了投保人提交的投保单并收取了保险费，尚未作出是否承保的意思表示，发生保险事故： 1. 符合承保条件的，保险人承担保险责任 2. 不符合承保条件的，保险人不承担保险责任，但退还已经收取的保险费 3. 保险人主张不符合承保条件的，应承担举证责任

（三）保险人的合同解除权

原则上，保险合同成立后，投保人可以解除合同，保险人不得解除合同，除非法律明确规定其可以解除的情形。

事由	考点：概括而言，当投保人、被保险人一方违反最大诚信义务时，保险人可以解除合同
投保人未如实告知	故意不告知，解除合同，不赔不退；重大过失不告知，解除合同，不赔要退
谎称	未发生保险事故，被保险人或者受益人谎称发生了保险事故，向保险人提出赔偿或者给付保险金请求的，保险人有权解除合同，并不退还保险费 【注意：如果只是编造事故原因、夸大损失程度，保险人对虚报的部分不承担给付保险金责任】
故意制造保险事故	投保人、被保险人故意制造保险事故的，保险人有权解除合同，不退还保险费（但若已经交足2年以上保险费的，保险人应当按照合同约定向其他权利人退还保险单的现金价值）
未尽安全责任	投保人、被保险人未按照约定履行其对保险标的的安全应尽责任的，保险人有权要求增加保险费或者解除合同
危险增加	1. 在合同有效期内，保险标的的危险程度显著增加的，被保险人应当按照合同约定及时通知保险人，保险人可以按照合同约定增加保险费或者解除合同 2. 因保险标的转让导致危险程度显著增加的，保险人自收到通知之日起30日内，可以按照合同约定增加保险费或者解除合同
年龄误保（人保）	投保人申报的被保险人年龄不真实并且真实年龄不符合合同约定的年龄限制的，保险人可以解除合同，按照合同约定退还保险单的现金价值
未缴保费（人保）	人保中，自合同效力中止之日起满2年双方未达成协议的，保险人有权解除合同

第二节　人身保险合同

一、人身保险合同概述

（一）人身保险合同的概念和特征

概念	人身保险合同是指以人的寿命和身体为保险标的的保险合同
特征	1. 保险金定额支付 2. 具有投资储蓄性，保险费不得强制请求 3. 人身保险合同不适用代位求偿规则

（二）受益人制度

1. 受益人的产生、变更

产生	（1）被保险人可单独指定、变更受益人 （2）投保人指定、变更受益人时须经被保险人同意。未经被保险人同意，行为无效 （3）投保人为其劳动者投保人身保险，只能由被保险人及其近亲属为受益人 （4）被保险人为无民事行为能力人或者限制民事行为能力人的，可以由其监护人指定受益人
变更	投保人或者被保险人变更受益人时： ①变更行为自变更意思表示发出时生效 ②变更受益人未通知保险人的，保险人可主张变更对其不发生效力（未通知不得对抗保险人） ③在保险事故发生后变更受益人，变更后的受益人请求保险人给付保险金的，法院不予支持

2. 受益人约定不明

当事人对保险合同约定的受益人存在争议，除投保人、被保险人在保险合同之外另有约定外，按照以下情形分别处理。

受益人约定为"法定"或者"法定继承人"	以《民法典·继承编》规定的法定继承人为受益人
受益人仅约定为身份关系	（1）投保人与被保险人为同一主体的，根据保险事故发生时与被保险人的身份关系确定受益人 （2）投保人与被保险人为不同主体的，根据保险合同成立时与被保险人的身份关系确定受益人
受益人的约定包括姓名和身份关系	保险事故发生时身份关系发生变化的，认定为未指定受益人

（三）死亡保险

投保	一般规则	（1）死亡保险合同未经被保险人同意并认可保险金额的无效 （2）被保险人同意并认可保险金额，可以采取书面形式、口头形式或者其他形式；可以在合同订立时作出，也可以在合同订立后追认
	特殊规则	（1）投保人不得为无民事行为能力人投死亡保险，父母为其未成年子女投保的不受此限，但死亡给付保险金额不得超过保险监督管理机构规定的限额[①] （2）未成年人父母之外的其他履行监护职责的人为未成年人订立以死亡为给付保险金条件的合同，除非经过未成年人父母同意，否则无效
转让及质押的限制		依照以死亡为给付保险金条件的合同所签发的保险单，未经被保险人书面同意，不得转让或质押
被保险人同意的撤销		被保险人以书面形式通知保险人和投保人撤销其同意并认可保险金额意思表示的，可认定为保险合同解除

---

① 父母为其未成年子女投保死亡险的，无须经过被保险人同意并且认可保险金额。

（续）

宣告死亡	（1）投保人为被保险人订立以死亡为给付保险金条件的人身保险合同，被保险人被宣告死亡后，适用死亡保险的规定
	（2）被保险人被宣告死亡之日在保险责任期间之外，但下落不明之日在保险责任期间之内，要支付保险金

二、年龄误保的特殊规则

年龄误保，简要言之，就是投保人申报的被保险人年龄不真实。

	年龄误保＋真实年龄不可保	年龄误保＋真实年龄可保
保险合同的处理	1. 原则：保险人可以解除合同 2. 例外：即不可解除的情形 （1）明知＋收取保费 （2）明知＋超过30日 （3）自合同成立之日起超过2年	保险人不可解除
保费的处理	1. 不退保费 2. 保险人按照合同约定退还保单的现金价值	多退少补： （1）致使投保人支付的保险费少于应付保险费的，保险人有权更正并要求投保人补交保险费，或者在给付保险金时按照实付保险费与应付保险费的比例支付 （2）致使投保人支付的保险费多于应付保险费的，保险人应当将多收的保险费退还投保人

三、人身保险保险费及其缴纳☆☆☆

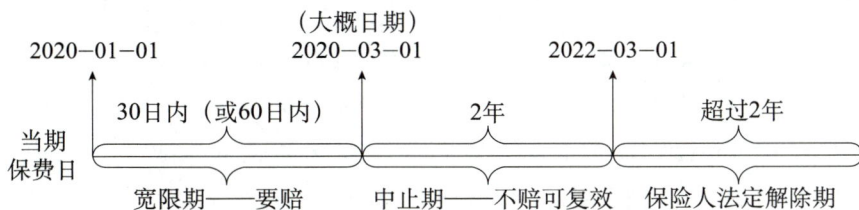

人身保险合同约定分期支付保险费，投保人支付首期保险费后，到期未支付当期保费的，除合同另有约定外，按照以下规则处理。

宽限期	（自保险人催告之日起30日内，或超过约定之日起60日内，为宽限期） 1. 宽限期发生保险事故，保险人给付保险金，但可以扣减欠交的保费 2. 宽限期合同恢复效力，无限制
中止期	（催告之日起超过30日未支付，或超约定期60日未支付当期保费→2年内） 1. 中止期发生的保险事故，保险人不负保险责任 2. 中止期内，投保人提出复效申请且具有可保证明并同意补交保险费，保险人不得拒绝复效 3. 中止期内，投保人提出复效申请，保险人30日内未明确拒绝，视为同意复效 4. 在复效期间，保费到位，保险合同自投保人补交保险费之日恢复效力，保险人要求投保人补交相应利息的，法院应予支持

（续）

中止之日起满2年	自合同效力中止之日起满2年双方未达成协议的，保险人有权解除合同，应当按照合同约定退还保险单的现金价值

四、人身保险保险金的给付、继承☆

原则	保险金首先应当支付给**受益人**
例外	被保险人死亡后，有下列情形之一的，**保险金作为被保险人的遗产**，由保险人依照《民法典·继承编》的规定履行给付保险金的义务： （1）没有指定受益人，或者受益人指定不明无法确定的 （2）受益人先于被保险人死亡，没有其他受益人的 （3）受益人依法丧失受益权或者放弃受益权，没有其他受益人的 **受益人与被保险人在同一事件中死亡，且不能确定死亡先后顺序的，推定受益人死亡在先**
第三人造成的保险事故	1. 被保险人因第三人发生保险事故的，保险人向被保险人或受益人给付保险金后，**不享有向第三者追偿的权利** 2. 保险事故发生后，被保险人或者受益人起诉保险人，保险人不得以被保险人或者受益人未要求第三者承担责任为由抗辩
保险金请求权可转让	保险事故发生后，受益人可将与本次保险事故相对应的全部或部分保险金请求权转让给第三人。但根据合同性质、当事人约定或者法律规定不得转让的除外

五、自杀、故意犯罪的处理☆ ☆

（一）自杀

合同成立2年内	1. 自合同成立或者合同效力恢复之日起2年内，被保险人**自杀的，保险人不承担给付保险金的责任**。保险人应当按照合同约定退还保单的现金价值
	2. 被保险人自杀时为无民事行为能力人的，给付保险金
合同成立满2年	2年后被保险人自杀的，保险人应当按照合同约定承担保险金支付责任
举证责任	1. 保险人以被保险人**自杀**为由拒绝承担给付保险金责任的，**保险人负举证责任**
	2. 受益人或者被保险人的继承人以被保险人自杀时**无民事行为能力**为由抗辩的，由其承担举证责任

（二）故意犯罪

投保人故意犯罪	1. 投保人故意造成被保险人死亡、伤残或者疾病的，**保险人不承担给付保险金的责任** 2. 但投保人已经交足2年以上保险费的，保险人应当按照合同约定向其他享有权利的人退还保险单的现金价值

（续）

被保险人故意犯罪	1. 被保险人故意犯罪或者抗拒依法采取的刑事强制措施导致其伤残或者死亡的，保险人不承担给付保险金的责任 投保人已交足2年以上保险费的，保险人应当按照合同约定退还保险单的现金价值
	2. 保险人应当证明被保险人的死亡、伤残结果与其实施的故意犯罪或者抗拒依法采取的刑事强制措施的行为之间存在因果关系
被保险人故意犯罪	3. 被保险人在羁押、服刑期间因意外或者疾病造成伤残或者死亡，保险人不得主张根据被保险人故意犯罪的规定不承担给付保险金的责任
受益人故意犯罪	受益人故意造成被保险人死亡、伤残或者疾病的，或者故意杀害被保险人未遂的，该受益人丧失受益权。若无其他受益人，保险金作为被保险人遗产继承

六、人身保险投保人解除保险合同

一般规则	投保人解除合同的，保险人应当自收到解除合同通知之日起30内，按照合同约定退还保险单的现金价值
保单现金价值的赎买制度	投保人解除保险合同，无须经被保险人或受益人同意，但被保险人或者受益人已向投保人支付相当于保险单现金价值的款项并通知保险人的除外
保单现金价值的返还	除保险合同另有约定外，保险合同解除时，应当将保单现金价值返还给投保人
	投保人故意造成被保险人死亡、伤残或者疾病，保险人退还保险单的现金价值的，应当按照被保险人、被保险人继承人的顺序确定

第三节　财产保险合同

一、财产保险合同概述

（一）概念和特征

财产保险合同是以财产及其有关利益为保险标的的保险合同，包括财产损失保险、责任保险、信用保险、保证保险	
特征	1. 财产保险合同是一种填补损失的合同 （1）超额保险：超过部分无效 （2）不足额保险：按比例赔付，即保险金额／保险价值 2. 财产保险合同实行保险责任限定制度 3. 财产保险实行保险代位的原则

（二）费用承担

下列费用及损失赔偿金，由保险人负担。

施救费用	勘查费用	仲裁、诉讼费用
1. 保险事故发生后，被保险人为防止或者减少保险标的的损失所支付的必要的、合理的费用 2. 上述费用，保险人以被保险人采取的措施未产生实际效果为由抗辩的，法院不予支持	保险人、被保险人为查明和确定保险事故的性质、原因和损失程度所支付的必要的、合理的费用	责任保险的被保险人因给第三者造成损害的保险事故而被提起仲裁或者诉讼的，被保险人支付的仲裁或者诉讼费用以及其他必要的、合理的费用

二、代位求偿权 ☆☆☆

代位求偿权是指财产保险中保险人赔偿被保险人的损失后，可以取得在其赔付保险金的限度内，要求被保险人转让其对造成损失的第三人享有的追偿的权利。

1. 行使规则

（1）财产保险事故是由第三人的行为引起的，包括被保险人因第三者侵权或者违约享有的请求赔偿的权利。

（2）保险人已向被保险人支付保险赔偿。

（3）保险人行使代位求偿权的数额以给付的保险金额为限，对于超过保险人已支付的保险金额以外的部分，保险人无权要求第三人赔偿，求偿权仍由被保险人所享有。

（4）第三人（加害人）的范围有限制，除被保险人的家庭成员或者其组成人员故意造成保险法规定的保险事故外，保险人不得对被保险人的家庭成员或者其组成人员行使代位请求赔偿的权利。投保人造成保险事故，保险人可代位行使被保险人对投保人请求赔偿的权利，但法律另有规定或者保险合同另有约定的除外。

2. 保险人获得代位权后的通知规则

（1）未通知或者通知到达第三者前，第三者（在保险人赔偿范围内）已经向被保险人作出赔偿，保险人无代位权，被保险人返还保险金。

（2）已经通知第三者，第三者又向被保险人作出赔偿，保险人可以主张代位权。

3. 被保险人放弃向第三者的求偿权

（1）保险合同订立前，被保险人放弃，保险人就相应部分（放弃部分）无代位权。

（注意：保险合同订立时，保险人询问是否放弃，投保人未如实告知，导致保险人不能行使代位权，则被保险人返还保险金，但保险人知道或者应当知道上述情形仍同意承保的除外）

（2）事故发生后，保险人赔偿前，被保险人放弃的，保险人就放弃部分不承担赔偿责任。

（3）保险人赔偿后，被保险人放弃的，该放弃行为无效。

4. 代位权诉讼

（1）原告。

①保险人以自己名义行使代位权。

②如果被保险人已经向第三者提起诉讼，保险人可申请变更当事人。被保险人同意的，法院应予准许，保险人为原告；被保险人不同意的，保险人作为共同原告。

（2）诉讼时效：自取得代位权之日起计算。

（3）管辖法院：以被保险人与第三者之间的关系确定。

三、责任保险合同☆☆

概念	责任保险是指**以被保险人依法对第三者应负的赔偿责任为保险标的的保险**，所以又称为第三者责任保险
特征	1.保险人承担被保险人的赔偿责任 2.责任保险的标的为一定范围内的**侵权损害赔偿责任**，非损害赔偿责任不能作为责任保险的标的 3.责任保险不能及于被保险人的人身或财产，即责任保险是**为第三人的利益而订立的保险合同** 4.保险最高限额给付
范围	赔偿责任、费用
直接赔付规则	1.保险人依照法律的规定或者合同的约定**直接**向该第三者赔偿保险金 2.责任保险的被保险人给第三者造成损害，被保险人对第三者应负的赔偿责任确定的，**根据被保险人的请求**，保险人应当**直接**向该第三者赔偿保险金。 3.**被保险人怠于请求的**，第三者有权就其应获赔偿部分直接向保险人请求赔偿保险金
先行赔付规则	1.责任保险的保险人在被保险人向第三者赔偿之前向被保险人赔偿保险金，第三者行使保险金请求权时，保险人以其已向被保险人赔偿为由拒绝赔偿保险金的，人民法院不予支持 2.保险人向第三者赔偿后，请求被保险人返还相应保险金的，人民法院应予支持
诉讼问题	诉讼时效	商业责任险的被保险人向保险人请求赔偿保险金的诉讼时效期间，自被保险人对第三者应负的赔偿责任确定之日起计算
	费用承担	被保险人支付的仲裁或诉讼费用以及其他必要的、合理的费用，由保险人承担

第九章 信托法

【信托关系结构图】

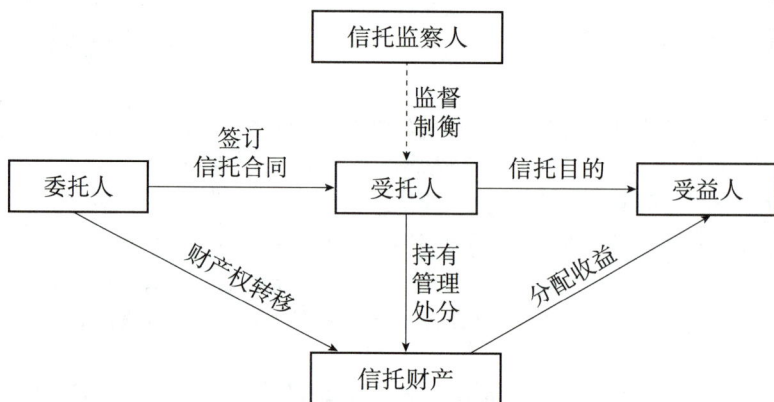

一、信托的成立与生效

信托,是指委托人基于对受托人的信任,将其财产权委托给受托人,由受托人按委托人的意愿以自己的名义,为受益人的利益或者特定目的,进行管理或者处分的行为。

(一)信托的成立

采取信托书面合同形式设立信托的,信托合同签订时,信托成立。

采取其他书面形式设立信托的,受托人承诺信托时,信托成立。

(二)信托无效的情形

有下列情形之一的,信托无效:

(1)信托目的违反法律、行政法规或者损害社会公共利益;

(2)信托财产不能确定;

(3)委托人以非法财产或者信托法规定不得设立信托的财产设立信托;

(4)专以诉讼或者讨债为目的设立信托;

(5)受益人或者受益人范围不能确定;

(6)法律、行政法规规定的其他情形。

(三)委托人的债权人对信托的撤销

1.委托人设立信托损害其债权人利益的,债权人有权申请人民法院撤销该信托。上述撤销权自债权人知道或者应当知道撤销原因之日起一年内不行使的，归于消灭。

2.上述信托被撤销的，不影响善意受益人已经取得的信托利益。

（四）公益信托的特殊规则

1.公益信托的公益本质

（1）为了公共利益而设立的信托，属于公益信托。

（2）公益信托的设立和确定其受托人，应当经有关公益事业的管理机构（以下简称公益事业管理机构）批准。

（3）公益信托的信托财产及其收益，不得用于非公益目的。

2.公益信托应当设置信托监察人

（1）信托监察人由信托文件规定。信托文件未规定的，由公益事业管理机构指定。

（2）信托监察人有权以自己的名义，为维护受益人的利益，提起诉讼或者实施其他法律行为。

（3）公益信托的受托人未经公益事业管理机构批准，不得辞任。

3.公益信托终止

没有信托财产权利归属人或者信托财产权利归属人是不特定的社会公众的，经公益事业管理机构批准，受托人应当将信托财产用于与原公益目的相近似的目的，或者将信托财产转移给具有近似目的的公益组织或者其他公益信托。

二、信托当事人

（一）委托人

1.委托人应当是具有完全民事行为能力的自然人、法人或者依法成立的其他组织。

2.委托人可以是受益人，也可以是同一信托的唯一受益人。

3.委托人的权利。

知情权	委托人有权了解其信托财产的管理运用、处分及收支情况，并有权要求受托人作出说明
撤销权	受托人违反信托目的处分信托财产或者因违背管理职责、处理信托事务不当致使信托财产受到损失的，**委托人有权申请人民法院撤销该处分行为（该撤销权受到1年除斥期间限制）**
解任权	受托人违反信托目的处分信托财产或者管理运用、处分信托财产有重大过失的，委托人有权依照信托文件的规定**解任受托人，或者申请人民法院解任受托人**

（二）受托人

1.受托人应当是具有完全民事行为能力的自然人、法人。

2.受托人可以是受益人，但不得是同一信托的唯一受益人。

3.受托人因处理信托事务所支出的费用、对第三人所负债务，以信托财产承担。受托人以其固有财产先行支付的，对信托财产享有优先受偿的权利。

4.受托人的义务。

（1）应当遵守信托文件的规定，为受益人的最大利益处理信托事务。

（2）受托人以信托财产为限向受益人承担支付信托利益的义务。

（3）受托人不得将信托财产转为其固有财产。信托财产与其固有财产以及不同委托人的信托财产分别管理、分别记账。

（4）受托人不得将其固有财产与信托财产进行交易或者将不同委托人的信托财产进行相互交易。（但经同意并以公平的市场价格进行交易的除外）

（5）受托人应当自己处理信托事务，但信托文件另有规定或者有不得已事由的，可以委托他人代为处理。受托人依法将信托事务委托他人代理的，应当对他人处理信托事务的行为承担责任。

（三）受益人

1.受益人是在信托中享有信托受益权的人。受益人可以是自然人、法人或者依法成立的其他组织。

2.受益人自信托生效之日起享有信托受益权。

3.信托受益权可以依法转让和继承。

4.受益人不能清偿到期债务的，其信托受益权可以用于清偿债务。

5.受益人可以行使委托人对受托人的撤销权、接任权，受益人行使上述权利，与委托人意见不一致时，可以申请人民法院作出裁定。

三、信托财产

1.受托人因承诺信托而取得的财产是信托财产。

2.信托财产的独立性。

除因下列情形之一外，对信托财产不得强制执行：

（1）设立信托前债权人已对该信托财产享有优先受偿的权利，并依法行使该权利的；

（2）受托人处理信托事务所产生债务，债权人要求清偿该债务的；

（3）信托财产本身应担负的税款；

（4）法律规定的其他情形。

对于违反上述规定而强制执行信托财产，委托人、受托人或者受益人有权向人民法院提出异议。

3.信托财产独立与委托人和受托人的关系

和委托人的关系	（1）信托财产与委托人未设立信托的其他财产相区别	
	（2）设立信托后，委托人死亡或者依法解散、被依法撤销、被宣告破产时	**委托人是唯一受益人的，信托终止**，信托财产作为其遗产或者清算财产
		委托人不是唯一受益人的，信托存续，信托财产不作为其遗产或者清算财产，但委托人的受益权成为遗产或清算财产
和受托人的关系	（1）受托人死亡或终止，信托财产不属于其遗产或者清算财产	
	（2）受托人管理运用、处分信托财产所产生的债权，不得与其固有财产产生的债务相抵销	
	（3）受托人管理运用、处分不同委托人的信托财产所产生的债权债务，不得相互抵销	

第二部分　经济法

第一章　竞争法

扫描右侧二维码"听课＋做题"，直达最佳学习效果

1. 在线听课：学习本章节核心考点讲解课程。
2. 在线刷题：点击 🏠 进入题库做章节练习。

第一节　反垄断法[①]

一、垄断协议

（一）垄断协议的认定

概念		垄断协议，是指排除、限制竞争的协议、决定或者其他协同行为
类型	[横向垄断] 禁止具有竞争关系的经营者达成下列垄断协议	（1）固定或者变更商品价格 （2）限制商品的生产数量或者销售数量 （3）分割销售市场或者原材料采购市场 （4）限制购买新技术、新设备或者限制开发新技术、新产品 （5）联合抵制交易 （6）国务院反垄断执法机构认定的其他垄断协议
	[纵向垄断] 禁止经营者与交易相对人达成下列垄断协议	（1）固定向第三人转售商品的价格 （2）限定向第三人转售商品的最低价格 （3）国务院反垄断执法机构认定的其他垄断协议 对前述第（1）项和第（2）项规定的协议，经营者能够证明其不具有排除、限制竞争效果的，不予禁止
		经营者能够证明其在相关市场的市场份额低于国务院反垄断执法机构规定的标准，并符合国务院反垄断执法机构规定的其他条件的，不予禁止
经营者不得组织其他经营者达成垄断协议或者为其他经营者达成垄断协议提供实质性帮助		

（二）垄断协议的豁免情形（经营者证明）

1. 合理化	为改进技术、研究开发新产品的
2. 标准化、专业化	为提高产品质量、降低成本、增进效率，统一产品规格、标准或者实行专业化分工的
3. 中小企业	为提高中小企业经营效率，增强中小企业竞争力的

---

① 经营者不得利用数据和算法、技术、资本优势以及平台规则等从事本法禁止的垄断行为。

（续）

4. 环保救灾	为实现节约能源、保护环境、救灾救助等社会公共利益的
5. 不景气	因经济不景气，为缓解销售量严重下降或者生产明显过剩的
6. 进出口	为保障对外贸易和对外经济合作中的正当利益的
7. 法律和国务院规定的其他情形	
1～5项经营者还应当证明所达成的协议不会严重限制相关市场的竞争，并且能够使消费者分享由此产生的利益	

（三）法律责任

民事责任		1. 经营者实施垄断行为，给他人造成损失的，依法承担民事责任 2. 达成的垄断协议无效
行政责任	经营者	（1）达成并实施：责令停止违法行为，没收违法所得并罚款（上一年度销售额 1% 以上 10% 以下的罚款，上一年度没有销售额的，处 500 万元以下的罚款） （2）达成未实施：可罚（可以处 300 万元以下的罚款） （3）经营者的法定代表人、主要负责人和直接责任人员对达成垄断协议负有个人责任的，可以处 100 万元以下的罚款 （4）宽容条款：主动报告情况并提供重要证据，可以酌情减轻或者免除对该经营者的处罚
	行业协会	（1）行业协会违反反垄断法规定，组织本行业的经营者达成垄断协议的，由反垄断执法机构责令改正，可以处 300 万元以下的罚款 （2）情节严重的，社会团体登记管理机关可以依法撤销登记

二、滥用市场支配地位☆☆

（一）市场支配地位的认定与推定

概念	是指经营者在相关市场内具有能够控制商品价格、数量或者其他交易条件，或者能够阻碍、影响其他经营者进入相关市场能力的市场地位
认定因素	"以市场份额为主、兼顾反映企业综合经济实力的其他因素"的认定标准
推定制度	（一般规定）有下列情形之一的，可以推定经营者具有市场支配地位： （1）一个经营者在相关市场的市场份额达到 1/2 的 （2）两个经营者在相关市场的市场份额合计达到 2/3 的 （3）三个经营者在相关市场的市场份额合计达到 3/4 的 （例外规定）有上述第（2）项、第（3）项规定的情形，其中有的经营者市场份额不足 1/10 的，不应当推定该经营者具有市场支配地位 （反证规定）被推定具有市场支配地位的经营者，有证据证明不具有市场支配地位的，不应当认定其具有市场支配地位

（二）滥用市场支配地位的行为

滥用市场支配地位的行为	1. 以不公平的高价销售商品或者以不公平的低价购买商品 2. 没有正当理由，以低于成本的价格销售商品 3. 没有正当理由，拒绝与交易相对人进行交易 4. 没有正当理由，限定交易相对人只能与其进行交易或只能与其指定的经营者进行交易 5. 没有正当理由搭售商品，或者在交易时附加其他不合理的交易条件 6. 没有正当理由，对条件相同的交易相对人在交易价格等交易条件上实行差别待遇 7. 国务院反垄断执法机构认定的其他滥用市场支配地位的行为
举证责任	原告应当对被告在相关市场具有支配地位和其滥用市场支配地位承担举证责任

（三）法律责任

行政责任	停止违法行为，没收违法所得并罚款（上一年度销售额 1% 以上 10% 以下）
民事责任	被告承担停止侵害、赔偿损失的民事责任，原告因调查制止垄断行为所支付的合理开支计入损失赔偿范围

三、经营者集中 ☆

（一）经营者集中的认定与申报

概念	是指两个或两个以上企业以一定的方式或手段所形成的企业间的资产、营业和人员的整合
类型	1. 经营者合并 2. 经营者通过取得股权或者资产的方式取得对其他经营者的控制权 3. 经营者通过合同等方式取得对其他经营者的控制权或者能够对其他经营者施加决定性影响
事先申报制度	达到国务院规定的申报标准，应当事先向国务院反垄断执法机构申报，未申报的不得实施集中。审查期间，经营者不得实施集中
申报的例外	1. 已经形成控制与被控制关系的经营者之间的集中 2. 受同一经营者控制的经营者集中
审查结果	禁止集中；不予禁止；附条件的不予禁止

（二）法律责任

法律责任	行政责任	经营者违反规定实施集中，且具有或者可能具有排除、限制竞争效果的，由国务院反垄断执法机构责令停止实施集中、限期处分股份或者资产、限期转让营业以及采取其他必要措施恢复到集中前的状态，处上一年度销售额 10% 以下的罚款；不具有排除、限制竞争效果的，处 500 万元以下的罚款
	民事责任	经营者实施垄断行为，给他人造成损失的，依法承担民事责任
救济	复议前置	对反垄断执法机构作出的禁止集中和附加限制性条件决定不服的，可以先依法申请行政复议，对行政复议决定不服的，可以依法提起行政诉讼

四、滥用行政权力排除、限制竞争行为☆

概念	行政机关和法律、法规授权的具有管理公共事务职能的组织不得滥用行政权力，排除、限制竞争
行为方式	1. 强制交易，即限定或者变相限定单位或者个人经营、购买、使用其指定的经营者提供的商品
	2. 政企联合垄断市场
	3. 地区封锁，如歧视性收费、价格、技术措施；专门针对外地商品的行政许可；设置关卡
	4. 歧视性资质管控（设置歧视性资质，排斥限制招投标）
	5. 地域性投资歧视（排斥或限制外地投资或设立分支机构）
	6. 迫使经营者垄断
	7. 以抽象行政行为限制竞争
法律责任	1. 上级机关责令改正，对直接负责的主管人员和其他直接责任人员依法给予处罚 2. 反垄断执法机构可以向有关上级机关提出依法处理的建议

五、反垄断调查机制☆

反垄断执法机构	中央	组建国家市场监督管理总局，作为国务院直属机构，负责反垄断执法工作
	地方	国务院反垄断执法机构根据工作需要，可以授权省级政府相应的机构，负责有关反垄断执法工作
调查的中止、终止和恢复	中止调查	经营者承诺改正
	终止调查	经营者履行承诺，并且消除了垄断后果
	恢复调查	（1）经营者未履行承诺 （2）作出中止调查所依据的事实发生了重大变化 （3）中止调查的决定是基于经营者提供的不完整或者不真实的信息作出的
公益诉讼		经营者实施垄断行为，损害社会公共利益的，设区的市级以上人民检察院可以依法向人民法院提起民事公益诉讼

六、公平竞争审查制度

具体规定	行政机关和法律、法规授权的具有管理公共事务职能的组织在制定涉及市场主体经济活动的规定时，应当进行公平竞争审查
未经公平竞争审查的后果	1. 经公平审查认为不具有排除、限制竞争效果或者符合例外规定的，可以实施 2. 具有排除、限制竞争效果且不符合例外规定的，应当不予出台或者调整符合相关要求后出台 3. 未经公平竞争审查的，不得出台

第二节　反不正当竞争法

经营者在生产经营活动中，应当遵循自愿、平等、公平、诚信的原则，遵守法律和商业道德。

一、商业混淆行为[①] ☆☆☆

概念	经营者不得实施下列混淆行为，引人误认为是他人商品或者与他人存在特定联系
行为方式	1. 擅自使用与他人有一定影响的商品名称、包装、装潢等相同或者近似的标识 2. 擅自使用他人有一定影响的企业名称（包括简称、字号等）、社会组织名称（包括简称等）、姓名（包括笔名、艺名、译名等） 3. 擅自使用他人有一定影响的域名主体部分、网站名称、网页等 4. 其他足以引人误认为是他人商品或者与他人存在特定联系的混淆行为 5. 销售不知道是上述规定的侵权商品，能证明该商品是自己合法取得并说明提供者，经营者主张不承担赔偿责任的，人民法院应予支持 6. 故意为他人实施混淆行为提供仓储、运输、邮寄、印刷、隐匿、经营场所等便利条件，构成共同侵权

二、商业贿赂行为☆

规则	经营者不得采用财物或者其他手段贿赂下列单位或者个人，以谋取交易机会或者竞争优势： （1）交易相对方的工作人员 （2）受交易相对方委托办理相关事务的单位或者个人 （3）利用职权或者影响力影响交易的单位或者个人
与正常折扣、佣金的区别	经营者在交易活动中，可以以明示方式向交易相对方支付折扣，或者向中间人支付佣金。经营者向交易相对方支付折扣、向中间人支付佣金的，应当如实入账。接受折扣、佣金的经营者也应当如实入账（vs 账外暗中）

三、虚假宣传行为☆☆

1. 经营者不得对其商品的性能、功能、质量、销售状况、用户评价、曾获荣誉等作虚假或者引人误解的商业宣传，欺骗、误导消费者。

2. "引人误解的商业宣传"是指：（1）对商品作片面的宣传或者对比；（2）将科学上未定论的观点、现象等当作定论的事实用于商品宣传；（3）使用歧义性语言进行商业宣传；（4）其他足以引人误解的商业宣传行为。

3. 经营者不得通过组织虚假交易等方式，帮助其他经营者进行虚假或者引人误解的

---

① 对于同一侵权人针对同一主体在同一时间和地域范围实施的侵权行为，人民法院已经认定侵害著作权、专利权或注册商标专用权等判令承担民事责任，当事人又以该行为构成不正当竞争为由请求同一侵权人承担民事责任的，人民法院不予支持。

商业宣传。

四、侵犯商业秘密的行为 ☆

概念	商业秘密是指，**不为公众所知悉、具有商业价值**并经**权利人采取相应保密措施**的技术信息和经营信息
行为	经营者不得实施下列侵犯商业秘密的行为： （1）以**盗窃**、贿赂、欺诈、胁迫、电子侵入或者其他不正当手段**获取**权利人的商业秘密 （2）披露、使用或者允许他人使用以上述手段获取的权利人的商业秘密 （3）**违反约定或**者违反权利人有关保守商业秘密的要求，**披露、使用或者允许他人使用**其所掌握的商业秘密 （4）**教唆、引诱、帮助**他人违反保密义务或者违反权利人有关保守商业秘密的要求，获取、披露、使用或者允许他人使用权利人的商业秘密 经营者以外的其他自然人、法人和非法人组织实施前款所列违反行为的，视为侵犯商业秘密 **第三人明知或者应知**商业秘密权利人的员工、前员工或者其他单位、个人实施上述所列违法行为，仍获取、披露、使用或者允许他人使用该商业秘密的，视为侵犯商业秘密
例外	**自主研发** **反向工程**

五、不正当有奖销售 ☆

主体	不正当有奖销售的主体为经营者。有关机构、团体经政府和政府有关部门批准的有奖募捐及其彩票发售活动不适用本规定
行为	**经营者**进行有奖销售不得存在下列情形： （1）所设奖的种类、**兑奖**条件、奖金金额或者奖品等有奖销售**信息不明确**，影响兑奖 （2）采用谎称有奖或者故意让内定人员中奖的**欺骗**方式进行**有奖销售** （3）**抽奖式**的有奖销售，**最高奖的金额超过5万元**

六、诋毁商誉的行为 ☆

经营者不得**编造、传播虚假信息或者误导性信息**，损害竞争对手的商业信誉、商品声誉	
主体	**1. 有竞争关系的经营者** 2. 经营者利用新闻媒体诋毁其他经营者的商誉时，新闻单位被利用和被唆使的，**仅构成一般的侵害他人名誉权行为，而非不正当竞争行为**
行为	编造、传播行为
主观	故意
对象	针对一个或者多个特定竞争对手。如果捏造、散布的虚假事实不能与特定的经营者联系，商誉主体的权利便不会受到侵害

七、互联网不正当竞争行为 ☆ ☆

经营者不得利用技术手段，通过影响用户选择或者其他方式，实施下列妨碍、破坏其他经营者合法提供的网络产品或者服务正常运行的行为。

1. 未经其他经营者同意，在其合法提供的网络产品或者服务中，插入链接、强制进行目标跳转。

（1）"强制进行目标跳转"是指未经其他经营者和用户同意而直接发生的目标跳转。

（2）仅插入链接，目标跳转由用户触发的，人民法院应当综合考虑插入链接的具体方式、是否具有合理的理由以及对用户利益和其他经营者利益的影响多个因素，认定该行为是否违反互联网不正当竞争行为。

2. 误导、欺骗、强迫用户修改、关闭、卸载其他经营者合法提供的网络产品或者服务。

3. 恶意对其他经营者合法提供的网络产品或者服务实施不兼容。

4. 其他妨碍、破坏其他经营者合法提供的网络产品或者服务正常运行的行为。

第二章 消费者法

扫描右侧二维码"听课+做题"，直达最佳学习效果

1. 在线听课：学习本章节核心考点讲解课程。

2. 在线刷题：点击⌂进入题库做章节练习。

第一节 消费者权益保护法

一、消费者权益保护法调整的对象

生活消费	消费者为生活消费需要购买、使用商品或者接受服务，其权益受消法保护
农业生产资料	农民购买、使用直接用于农业生产的生产资料，参照消法执行

二、消费者权利与经营者义务

（一）消费者权利

消费者权利包括：安全保障权；知悉真情权；自主选择权；公平交易权；依法求偿权；依法结社权；受教获知权；维护尊严权；监督批评权；个人信息权。

（二）经营者的义务☆☆

1. 保证商品和服务的安全的义务

（1）经营者应当保证其提供的商品或者服务符合保障人身、财产安全的要求
（2）宾馆、商场、银行、车站、娱乐场所等公共场所的管理人或者群众性活动的组织者，未尽到安全保障义务，造成他人损害的，应当承担侵权责任
（3）因第三人的行为造成他人损害的，由第三人承担侵权责任；管理人或者组织者未尽到安全保障义务的，承担相应的补充责任

2. 召回缺陷产品的义务

（1）经营者发现其提供的商品或者服务存在缺陷，有危及人身、财产安全危险的，应当立即向有关行政部门报告和告知消费者，并采取停止销售、警示、召回、无害化处理、销毁、停止生产或者服务等措施。

（2）有关行政部门发现并认定经营者提供的商品或者服务存在缺陷，有危及人身、财产安全危险的，应当立即责令经营者采取停止销售、警示、召回、无害化处理、销毁、停止生产或者服务等措施。

（3）采取召回措施的，经营者应当承担消费者因商品被召回支出的<u>必要费用</u>。

3. 保证质量的义务

一般商品	经营者应当保证在正常使用商品或者接受服务的情况下，其提供的商品或者服务应当具有的质量、性能、用途和有效期限；但消费者在购买该商品或者接受该服务前<u>已经知道其存在瑕疵</u>，且存在该瑕疵不违反法律强制性规定的除外
耐用品	经营者提供的<u>耐用商品或者装饰装修</u>等服务，消费者自接受商品或者服务之日起<u>6个月内</u>发现瑕疵，发生争议的，由<u>经营者承担有关瑕疵的举证责任</u>

4. 一般退货义务

（1）经营者提供的商品或者服务不符合质量要求的，消费者可以依照国家规定、当事人<u>约定退货</u>，或者要求经营者履行<u>更换、修理等义务</u>。

（2）没有国家规定和当事人约定的，消费者可以自收到商品之日起 7 日内退货。

（3）7 日后符合法定解除合同条件的，消费者可以及时退货，不符合法定解除合同条件的，可以要求经营者履行<u>更换、修理等义务</u>。

（4）依照前款规定进行退货、更换、修理的，经营者应当承担运输等<u>必要费用</u>。

5. 无理由退货义务

原则	经营者采用网络、电视、电话、邮购等方式销售商品，消费者有权自收到商品之日起 <u>7 日内退货，且无须说明理由</u>
例外	但下列商品除外： （1）消费者<u>定作的</u> （2）<u>鲜活易腐的</u> （3）<u>在线下载</u>或者消费者拆封的音像制品、计算机软件等<u>数字化商品</u> （4）交付的<u>报纸、期刊</u> （5）除上述所列商品外，其他根据<u>商品性质并经消费者在购买时确认</u>不宜退货的商品，不适用无理由退货
邮费	消费者退货的商品应当完好。经营者应当自<u>收到退回商品之日起 7 日内返还消费者支付的商品价款</u>。退回商品的运费由消费者承担；经营者和消费者另有约定的，按照约定

6. 禁止泄露消费者信息

（1）收集、使用消费者的个人信息应当遵循合法、正当、必要的原则。

（2）明示、经本人同意。

（3）严格保密。

（4）禁发垃圾信息。

（5）必须承担法律后果。

三、消费争议的解决 ☆☆

（一）一般规定

1. 违约责任

（1）消费者购买产品或接受服务，合法权益受到侵害的，<u>可以找销售者或服务提供者要求赔偿</u>。

（2）销售者或服务提供者赔偿后，属于生产者的责任或者属于向销售者提供商品的其他销售者的责任的，销售者有权向生产者或者其他销售者追偿。

2.侵权责任（产品责任）

对外责任	（1）消费者或者其他受害人因商品缺陷造成人身、财产损害的，可以向销售者要求赔偿，也可以向生产者要求赔偿 （2）属于生产者责任的，销售者赔偿后，有权向生产者追偿。属于销售者责任的，生产者赔偿后，有权向销售者追偿	
对内责任	生产者	（1）无过错责任
		（2）免责事由： ①未将产品投入流通的 ②投入流通的，引起损害的缺陷不存在的 ③投入流通时科学技术水平尚不能发现缺陷存在的
		产品投入流通后发现缺陷的，及时采取停止销售、警示、召回等补救措施
	销售者	过错责任： （1）因销售者的过错使产品存在缺陷，造成他人损害的，销售者应当承担侵权责任 （2）销售者不能指明缺陷产品的生产者，也不能指明缺陷产品的供货者，销售者应当承担侵权责任

（二）惩罚性赔偿与精神损害赔偿 ☆☆

欺诈	经营者提供商品或者服务有欺诈①行为	消费者可以获得补偿性的赔付，并可要求增加赔偿额。增加赔偿的金额为消费者购买商品的价款或者接受服务的费用的3倍；增加赔偿的金额不足500元的，为500元。法律另有规定的，依照其规定
故意侵权	经营者明知商品或者服务存在缺陷，仍然向消费者提供，造成消费者或者其他受害人死亡或者健康严重损害	受害人有权要求经营者赔偿损失②，并有权要求所受损失2倍以下的惩罚性赔偿
精神损害赔偿	经营者有侮辱诽谤、搜查身体、侵犯人身自由等侵害消费者或者其他受害人人身权益的行为，造成严重精神损害的，受害人可以要求精神损害赔偿	

（三）网络交易平台消费纠纷

一般规则	可以向销售者或者服务者要求赔偿
网络交易平台提供者的责任	1.不能提供销售者或者服务者的真实名称、地址和有效联系方式的，消费者也可以向网络交易平台提供者要求赔偿

---

① 欺诈是指，经营者对其商品或服务的说明行为是虚假的，足以使一般消费者受到欺骗或误导；消费者因受误导而接受了经营者的商品或服务，而一般消费者在此情况下如果知道事实真相即不会接受该商品或服务，或者只会按照实质不同的合同条款接受该商品或服务。

② 赔偿损失包括：医疗费、护理费、交通费等为治疗和康复支出的合理费用；因误工减少的收入；残疾生活辅助具费和残疾赔偿金；丧葬费和死亡赔偿金。

（续）

网络交易平台提供者的责任	2. **作出更有利于消费者的承诺的**，应当履行承诺。网络交易平台提供者赔偿后，有权向销售者或者服务者追偿
	3. **明知或者应知**销售者或者服务者利用其平台侵害消费者合法权益，未采取必要措施的，依法与该销售者或者服务者承担**连带责任**
直播营销纠纷	（1）直播营销平台经营者应当建立健全消费者保护制度，明确消费争议解决机制
	（2）发生消费争议的，直播营销平台经营者应当根据消费者的要求提供直播运营者、直播营销人员相关信息以及相关经营活动记录等必要信息
	（3）直播间运营者，直播营销人员发布的直播内容构成商业广告的，应当依法履行广告发布者，广告经营者或者广告代言人的义务

（四）虚假广告消费纠纷

1. 消费者因经营者利用虚假广告或者其他虚假宣传方式提供商品或者服务，其合法权益受到损害的，可以向经营者要求赔偿。广告经营者、发布者不能提供经营者的真实名称、地址和有效联系方式的，应当承担赔偿责任。

2. 广告经营者、发布者发布虚假广告的，消费者可以请求行政主管部门予以惩处。

3. 广告经营者、发布者设计、制作、发布关系消费者生命健康商品或者服务的虚假广告，造成消费者损害的，应当与提供该商品或者服务的经营者承担连带责任。

4. 社会团体或者其他组织、个人在关系消费者生命健康商品或者服务的虚假广告或者其他虚假宣传中向消费者推荐商品或者服务，造成消费者损害的，应当与提供该商品或者服务的经营者承担连带责任。

第二节　食品安全法

一、食品安全风险评估与食品安全标准

（一）食品安全风险评估 ☆

评估对象	食品、食品添加剂中**生物性、化学性和物理性**危害
评估与公布	1. 由国务院卫生行政部门负责组织食品安全风险评估工作，成立由医学……环境等方面的专家组成的食品安全风险评估专家委员会进行食品安全风险评估 2. 食品安全风险评估结果由国务院卫生行政部门公布
作用	**食品安全风险评估结果是制定、修订食品安全标准和对食品安全实施监督管理的科学依据**

（二）食品安全标准 ☆

食品安全标准是**强制执行的标准**	
国标	1. 由国务院卫生行政部门**会同**国务院食品安全监督管理部门制定、公布
	2. **国务院标准化行政部门提供国家标准编号**

（续）

地标	1. 对地方特色食品，没有食品安全国家标准的，可以制定食品安全地方标准 2. 省级卫生行政部门组织制定食品安全地方标准，并报国务院卫生行政部门备案 3. 食品安全国家标准制定后，该地方标准即行废止
企业标准	1. 国家鼓励食品生产企业制定严于食品安全国家标准或者地方标准的企业标准 2. 企业标准应当报省级卫生行政部门备案，在本企业内部适用

二、食品安全控制

（一）生产经营过程控制☆

对农作物的管理	1. 严格执行农业投入品使用安全间隔期、休药期的规定 2. 不得使用国家明令禁止的农业投入品 3. 禁止将剧毒、高毒农药用于蔬菜、瓜果、茶叶和中草药材等
食品添加剂	1. 国家对食品添加剂生产实行许可制度 2. 食品中不得添加药品，但是可以添加按照传统既是食品又是中药材的物质
食品广告	1. 食品广告的内容应当真实合法，不得含有虚假内容，不得涉及疾病预防、治疗功能。食品生产经营者对食品广告内容的真实性、合法性负责 2. 县级以上人民政府食品安全监督管理部门和其他有关部门以及食品检验机构、食品行业协会不得以广告或者其他形式向消费者推荐食品。消费者组织不得以收取费用或者其他牟取利益的方式向消费者推荐食品
网络食品交易	1. 对入网食品经营者进行实名验证，明确其食品安全管理责任 2. 依法应当取得许可证的，还应当审查其许可证

（二）食品召回制度☆

主动召回	生产者召回	停止生产、召回食品、通知经营者（消费者）、记录召回情况
	经营者停止经营及报告通知义务	（1）食品经营者发现其经营的食品不符合食品安全标准或有证据证明可能危害人体健康的，应当立即停止经营，通知相关生产经营者和消费者，并记录停止经营和通知情况。食品生产者认为应当召回的，应当立即召回
		（2）由于食品经营者的原因造成其经营的食品有上述情形的，食品经营者应当召回
责令召回		县级以上人民政府食品安全监督管理部门可以责令依照规定召回或停止经营的食品生产者召回或者停止经营
召回后的处理		1. 原则：食品生产经营者应当对召回的食品采取无害化处理、销毁等措施，防止其再次流入市场 2. 例外：因标签、标志或者说明书不符合食品安全标准而被召回的食品，可继续销售

（三）特殊食品☆

1. 保健食品

注册与备案	国家级	（1）保健食品原料目录和允许保健食品声称的保健功能目录，由国务院食品安全监督管理部门会同国务院卫生行政部门、国家中医药管理部门制定、调整并公布（目录原料国家定）
		（2）使用保健食品原料目录以外原料的保健食品和首次进口的保健食品应当经国务院食品安全监督管理部门注册
		（3）首次进口的保健食品中属于补充维生素、矿物质等营养物质的，应当报国务院食品安全监督管理部门备案
		（4）特殊医学用途配方食品应当经国务院食品安全监督管理部门注册
	省级	其他保健食品，应当报省级人民政府食品安全监督管理部门备案
标签/说明书		保健食品的标签、说明书不得涉及疾病预防、治疗功能，内容应当真实，与注册或者备案的内容相一致，声明"本品不能代替药物"
进口的保健食品		进口的保健食品应当是出口国（地区）主管部门准许上市销售的产品

2. 婴幼儿配方食品

婴幼儿配方食品生产企业应当实施从原料进厂到成品出厂的全过程质量控制，对出厂的婴幼儿配方食品实施逐批检验，保证食品安全
婴幼儿配方食品生产企业应当将食品原料、食品添加剂、产品配方及标签等事项向省、自治区、直辖市人民政府食品安全监督管理部门备案
婴幼儿配方乳粉的产品配方应当经国务院食品安全监督管理部门注册。注册时，应当提交配方研发报告和其他表明配方科学性、安全性的材料
不得以分装方式生产婴幼儿配方乳粉，同一企业不得用同一配方生产不同品牌的婴幼儿配方乳粉

（四）食品安全事故处置☆

重大事故通报制度	1. 事故发生单位、治疗单位应当向县级卫生行政部门、食品安全监管部门报告 2. 发生食品安全事故，县级食品安全监管部门应当向本级人民政府、上级食品安全监管部门报告 3. 县级人民政府和上级食品安全监管部门应当按照规定上报 4. 发生重大食品安全事故的，县级以上人民政府应当立即成立食品安全事故处置指挥机构
流行病学调查	1. 县级以上疾病预防控制机构，应当对事故现场进行卫生处理，并对与事故有关的因素开展流行病学调查 2. 县级以上疾病预防控制机构应当向同级食品安全监督管理、卫生行政部门提交流行病学调查报告

三、对消费者造成损害的民事责任☆

消费者索赔选择权（首付责任）	1. 消费者可以向**经营者要求赔偿，也可以向生产者要求赔偿** 2. 属于生产者责任的，经营者赔偿后有权向生产者追偿，属于经营者责任的，生产者赔偿后有权向经营者**追偿**
侵权→无过错	1. 生产者无过错：只要生产了不符合食品安全标准的食品，均要承担赔偿责任 2. 善意销售者无过错，**可免行政处罚，但不可免民事责任**
惩罚性赔偿	1. **生产**不符合安全标准的食品或者**销售明知**是不符合安全标准的食品，消费者除要求赔偿损失外，可**向生产者、销售者主张支付价款 10 倍或者损失 3 倍的赔偿金**，增加赔偿的金额不足 1 000 元的，为 1 000 元（退 1 赔 10 或者损失 3 倍，最低 1 000 元） 2. **但是，食品的标签、说明书存在不影响食品安全且不会对消费者造成误导的瑕疵的除外**
知假买假要赔	生产者、销售者以购买者明知食品、药品存在质量问题而仍然购买为由进行抗辩的，人民法院不予支持
赠品发生质量安全问题要赔	生产者、销售者以消费者未对食品或者药品的赠品支付对价为由进行免责抗辩的，人民法院不予支持
食品、药品有缺陷要赔	食品、药品虽在销售前取得检验合格证明，且食用或者使用时尚在保质期内，但经检验确认产品不合格，生产者或者销售者以该食品、药品具有检验合格证明为由进行抗辩的，人民法院不予支持
民事赔偿优先	违反食品安全法规定，应当承担民事赔偿责任和缴纳罚款、罚金，其财产不足以同时支付时，先承担民事赔偿责任
行业禁入	1. 被吊销许可证的经营者及其法定代表人、直接责任人员，5 年内禁止从业 2. 因食品安全犯罪被判处有期徒刑以上刑罚，终身禁止从业

第三章 银行业法

一、商业银行的组织形式

商业银行的设立	1. 我国商业银行的组织形式为有限责任公司、股份有限责任公司
	2. 商业银行的设立、变更、终止均采取审批制，即需要经过国务院银行业监督管理机构的批准
	3. 符合法定最低要求的注册资本
商业银行分支机构的设立和责任的承担	1. 设立分支机构需经国务院银行业监督管理机构审批
	2. 分支机构的设立采取"大区制"，我国境内的分支机构，不按行政区划设立
	3. 拨付各分支机构的营运资金额的总和，不得超过总行资本金总额的60%
	4. 分支机构不是独立的法人，总行对其统一核算；分支机构对外先以自己经营管理的财产承担民事责任，不足部分，由总行承担
	5. 分支机构可作为诉讼主体

二、商业银行业务制度 ☆☆

商业银行以安全性、流动性、效益性为经营原则，实行自主经营、自担风险、自负盈亏、自我约束的业务制度。

（一）贷款法律制度

以担保贷款为原则，信用贷款为例外，实行审贷分离、分级审批的制度	
借款合同制度	商业银行贷款，应当与借款人订立书面合同
遵守商业银行法关于资产负债比例的规定	1. 资本充足率不得低于8% 2. 流动性资产余额与流动性负债余额的比例不得低于25% 3. 对同一借款人的贷款余额与商业银行资本余额的比例不得超过10%
不得发放人情贷款	商业银行不得向关系人发放信用贷款；向关系人发放担保贷款的条件不得优于其他借款人同类贷款的条件 上述所称关系人是指： （1）商业银行的董事、监事、管理人员、信贷业务人员及其近亲属 （2）前项所列人员投资或者担任高级管理职务的公司、企业和其他经济组织

（续）

担保物处分时限	因借款人到期不归还担保贷款，商业银行依法行使抵押权、质权而取得的不动产或者股权，**应当自取得之日起 2 年内予以处分**

（二）投资

对商业银行投资人的监管	任何单位和个人购买商业银行股份总额 5% 以上的，应当事先经**国务院银行业监督管理机构批准**
对商业银行投资行为的限制	商业银行在中华人民共和国境内**不得从事信托投资和证券经营业务，不得向非自用不动产投资或者向非银行金融机构和企业投资**，但国家另有规定的除外

（三）同业拆借

1.同业拆借，应当遵守中国人民银行的规定。

2.禁止利用拆入资金发放固定资产贷款或者用于投资。拆入资金用于弥补票据结算、联行汇差头寸的不足和解决临时性周转资金的需要。

3.拆出资金限于交足存款准备金、留足备付金和归还中国人民银行到期贷款之后的闲置资金。

（四）审慎经营原则

审慎经营原则，包括风险管理、内部控制、资本充足率、资产质量、损失准备金、风险集中、关联交易、资产流动性等内容。

1.银行业金融机构违反审慎经营原则的，国务院金融监督管理机构或者省一级排除机构应当责令限期改正。

2.逾期未改正的，经国务院金融监督管理机构或者省一级派出机构批准，可以采取下列措施

人员	（1）责令控股股东转让股权或者限制有关股东的权利 （2）责令调整董事、高级管理人员或者限制其权利
资产	（1）限制分配红利和其他收入 （2）限制资产转让
业务	（1）责令暂停部分业务、停止批准开办新业务 （2）停止批准增设分支机构

三、商业银行的接管、破产☆☆

（一）商业银行的接管

概念	商业银行**已经或者可能发生信用危机**，严重影响存款人的利益时，国务院银行业监督管理机构可以对该银行实行**接管或者促成机构重整**
目的	接管的**目的**是对被接管的商业银行采取必要措施，**以保护存款人的利益，恢复商业银行的正常经营能力**

（续）

法律后果	1. 被接管的商业银行的债权债务关系不因接管而变化 2. 自接管开始之日起，由接管组织取代银行原管理层，行使商业银行的经营管理权力，接管组织的组成人员由国务院银行业监督管理机构指定 3. 接管期限最多不超过 2 年
措施	经国务院银行业监督管理机构负责人批准，对直接负责的董事、高级管理人员和其他直接责任人员，可以采取下列措施： （1）按照国务院银行业监督管理机构的要求履行职责 （2）直接负责的董事、高级管理人员和其他直接责任人员出境将对国家利益造成重大损失的，通知出境管理机关依法阻止其出境 （3）申请司法机关禁止其转移、转让财产或者对其财产设定其他权利

（二）商业银行的破产

概念	商业银行不能支付到期债务，经国务院银行业监督管理机构同意，由人民法院依法宣告其破产。商业银行被宣告破产的，由人民法院组织国务院银行业监督管理机构等有关部门和有关人员成立清算组，进行清算 商业银行破产清算时，在支付清算费用、所欠职工工资和劳动保险费用后，应当优先支付个人储蓄存款的本金和利息
特征	1. 破产原因单一：商业银行不能支付到期债务的 2. 商业银行的破产需要经过国务院银行业监督管理机构的同意，并且清算组的组成成员中应当有国务院银行业监督管理机构代表 3. 破产清算有特殊的清算顺序：清算费用、职工债权、个人储蓄存款的本金和利息、税款、破产债权

四、国务院银行业监督管理机构与中国人民银行的职权划分

商业银行接受中国人民银行的业务指导和检查监督。中国人民银行制定和执行货币政策，如决定存款、贷款利率上下限；决定加息、减息；接受存款准备金等业务。（央行是实施货币政策的机构）

商业银行接受国务院银行业监督管理机构的行政监督管理。商业银行的设立、变更和终止，须经国务院银行业监督管理机构批准。（银行业监督管理机构是行政性事务监管机构）

第四章　财税法

扫描右侧二维码"听课＋做题",直达最佳学习效果

1. 在线听课:学习本章节核心考点讲解课程。
2. 在线刷题:点击 🏠 进入题库做章节练习。

一般认为,税收具有三个基本特征:法定性、强制性、无偿性。

按照征税对象不同,可以将我国税种分为以下几类。

1. 商品税:如增值税、消费税、关税和烟叶税。
2. 所得税:如企业所得税和个人所得税。
3. 财产税:如资源税、房产税、土地增值税、土地使用税、契税、车船税。
4. 行为税:如印花税。

第一节　个人所得税法

一、纳税人与扣缴义务人

纳税人	居民个人（税务居民）	（1）在中国境内有住所,或者无住所而一个纳税年度[①]内在中国境内居住累计满183天的个人,为居民个人 （2）居民个人从中国境内和境外取得的所得,缴纳个人所得税
	非居民个人（非税务居民）	（1）在中国境内无住所又不居住,或者无住所而一个纳税年度内在中国境内居住累计不满183天的个人,为非居民个人 （2）非居民个人从中国境内取得的所得,缴纳个人所得税
扣缴义务人		1. 所得人为"纳税人",支付所得的单位或者个人为"扣缴义务人" 2. 扣缴义务人应当按照国家规定办理全员全额扣缴申报,并向纳税人提供其个人所得和已扣缴税款等信息 3. 对于扣缴义务人按照所扣缴的税款,付给2%的手续费

---

① 自公历1月1日起至12月31日止。

二、个人所得税的征税对象

（一）综合所得☆☆☆

纳税收入	1. 工资、薪金所得 2. 劳务报酬所得 3. 稿酬所得 4. 特许权使用费所得
计税规则	居民个人**按纳税年度合并计算个人所得税** 非居民个人按月或者按次分项计算个人所得税
收入额	1. 劳务报酬所得、稿酬所得、特许使用费所得以收入**减除 20% 费用后的余额为收入额** 2. 稿酬所得的**收入额减按 70% 计算**
各项扣除	1. **专项扣除**，包括居民个人按照国家规定的范围和标准缴纳的**基本养老保险、基本医疗保险、失业保险等社会保险费和住房公积金等** 2. **专项附加扣除**，包括子女教育、继续教育、大病医疗、住房贷款利息或者住房租金、赡养老人等支出，具体范围、标准和实施步骤由国务院确定，并报全国人民代表大会常务委员会备案 3. 其他扣除：个人将其所得对教育、扶贫、济困等公益慈善事业进行捐赠，捐赠额未超过纳税人申报的应纳税所得额**30% 的部分**，可以从其应纳税所得额中扣除；国务院规定对公益慈善事业捐赠实行全额税前扣除的，从其规定
应纳税所得额	1. 居民个人的**应纳税所得额＝收入额－6 万元－专项扣除－专项附加扣除－其他扣除** 2. 非居民个人的工资、薪金所得，**以每月收入额**减除 5 000 元后的余额为应纳税所得额 3. 非居民个人的劳务报酬所得、稿酬所得、特许使用费所得，以每次收入额为应纳税所得额
适用税率	3% ～ 45% 超额累进税率

（二）经营所得

适用税率	5% ～ 35% 超额累进税率
应纳税所得额	以每一纳税年度的收入总额减除成本、费用以及损失后的余额，为应纳税所得额

（三）利息、股息、红利所得、偶然所得

适用税率	20% 比例税率
应纳税所得额	以每次收入额为应纳税所得额

（四）财产租赁所得

适用税率	20% 比例税率
应纳税所得额	每次收入不超过 4 000 元的，减除费用 800 元；4 000 元以上的，减除 20% 的费用，其他为应纳税所得额

（五）财产转让所得

适用税率	20% 比例税率
应纳税所得额	以转让财产的收入额减除财产原值和合理费用后的余额，为应纳税所得额

三、税收优惠 ☆ ☆ ☆

（一）免征

1. 省级人民政府、国务院部委和中国人民解放军军以上单位，以及外国组织、国际组织颁发的科学、教育、技术、文化、卫生、体育、环境保护等方面的奖金。

2. 国债和国家发行的金融债券利息。

3. 按照国家统一规定发给的补贴、津贴。

4. 福利费、抚恤金、救济金。

5. 保险赔款。

6. 军人的转业费、复员费、退役金。

7. 按照国家统一规定发给干部、职工的安家费、退职费、基本养老金或者退休费、离休费、离休生活补助费。

8. 依照有关法律规定应予免税的各国驻华使馆、领事馆的外交代表、领事官员和其他人员的所得。

9. 中国政府参加的国际公约、签订的协议中规定免税的所得。

10. 国务院规定的其他免税所得。

前款第 10 项免税规定，由国务院报全国人民代表大会常务委员会备案。

（二）减征

有下列情形之一的，可以减征个人所得税，具体幅度和期限，由省、自治区、直辖市人民政府规定，并报同级人民代表大会常务委员会备案。

1. 残疾、孤老人员和烈属所得。

2. 因严重自然灾害造成重大损失的。

3. 国务院可以规定其他减税情形，报全国人民代表大会常务委员会备案。

四、税收征收

纳税申报	有下列情形之一的，纳税人应当依法办理纳税申报： （1）取得综合所得需要办理汇算清缴（次年3月1日至6月30日） （2）取得应税所得没有扣缴义务人 （3）取得应税所得，扣缴义务人未扣缴税款 （4）取得境外所得 （5）因移居境外注销中国户籍 （6）非居民个人在中国境内从两处以上取得工资、薪金所得 （7）国务院规定的其他情形

（续）

纳税调整	1. 个人与其关联方之间的业务往来**不符合独立交易原则**而减少本人或者其关联方应纳税额，且无正当理由 2. 居民个人控制的，或者居民个人和居民企业共同控制的设立在实际税负明显偏低的国家（地区）的企业，无合理经营需要，**对应当归属于居民个人的利润不作分配或者减少分配** 3. 个人实施其他**不具有合理商业目的的安排**而获取不当税收利益
税额抵免	居民个人从中国境外取得的所得，可以从其应纳税额中抵免已在境外缴纳的个人所得税税额，但抵免额不得超过该纳税人境外所得依照个人所得税法规定计算的应纳税额

第二节　企业所得税

一、企业所得税的基本制度

（一）纳税人

纳税人	原则	在中华人民共和国境内，企业和其他取得收入的其他组织（以下统称企业）为企业所得税的纳税人
	例外	**个人独资企业、合伙企业不适用企业所得税法**
分类	居民企业	是指**依法在中国境内成立**或者依照外国（地区）法律成立但**实际管理机构在中国境内的企业**
		居民企业应当就其来源于中国**境内、境外**的所得缴纳企业所得税，适用税率为25%
	非居民企业①	是指依照外国（地区）法律成立且实际管理机构不在中国境内，但在中国境内设立机构、场所的，或者在中国境内未设立机构、场所，但有来源于中国境内所得的企业

（二）企业所得税应纳税所得额的计算

应纳税所得额＝收入总额－不征税收入－免税收入－各项扣除－允许弥补的以前年度亏损。

企业实际发生的与取得收入有关的、合理的支出，包括成本、费用、税金、损失和其他支出，准予在计算应纳税所得额时扣除。

---

① 非居民企业在中国境内未设立机构、场所的，或者虽然设立机构、场所但取得的所得与其所设机构、场所没有实际联系的，适用税率为20%。

二、企业所得税税收优惠 ☆ ☆ ☆

分类	内容
不征税收入	1. 财政拨款 2. 依法收取并纳入财政管理的行政事业性收费、政府性基金 3. 国务院规定的其他不征税收入
免税收入	1. 国债利息收入 2. 符合条件的居民企业之间的股息、红利等权益性投资收益 3. 在中国境内设立机构、场所的非居民企业从居民企业取得与该机构、场所有实际联系的股息、红利等权益性投资收益 4. 符合条件的非营利组织的收入
免征、减征企业所得税	1. 从事农、林、牧、渔业项目的所得 2. 从事国家重点扶持的公共基础设施项目投资经营的所得 3. 从事符合条件的环境保护、节能节水项目的所得 4. 符合条件的技术转让所得 5. 非居民企业在中国境内未设立机构、场所的，或者虽设立机构、场所但取得的所得与其所设机构、场所没有实际联系的
公益性捐赠支出	企业发生的公益性捐赠支出，在年度利润总额12%以内的部分，准予在计算应纳税所得额时扣除；超过年度利润总额12%的部分，准予结转以后3年内在计算应纳税所得额时扣除
亏损	企业纳税年度发生的亏损，准予向以后年度结转，用以后年度的所得弥补，结转年限最长不得超过5年
加计扣除	1. 开发新技术、新产品、新工艺发生的研究开发费用【研发费用】 2. 安置残疾人员及国家鼓励安置的其他就业人员所支付的工资【特殊工资】
不可扣除项目	企业从其关联方接受的债权性投资与权益性投资的比例超过规定标准而发生的利息支出，不得在计算应纳税所得额时扣除 下列无形资产不得在计算摊销费用时扣除：（1）自行开发的支出已在计算应纳税所得额时扣除的无形资产；（2）自创商誉；（3）与经营活动无关的无形资产；（4）其他 下列支出不得扣除：（1）企业所得税税款；（2）税收滞纳金；（3）罚金、罚款和被没收财物的损失
特殊企业可以享受税收优惠	创业投资企业从事国家需要重点扶持和鼓励的创业投资，可以按投资额的一定比例抵扣应纳税所得额

三、税收调整

1. 企业或者外国企业在中国境内设立的从事生产、经营的机构、场所与其关联企业之间的业务往来，应当按照独立企业之间的业务往来收取或者支付价款、费用。

2. 不按照独立企业之间的业务往来收取或者支付价款、费用，而减少其应纳税的收入或者所得额的，税务机关有权进行合理调整。

第三节　增值税、消费税、车船税

一、增值税

概念	以商品和劳务在流通过程中产生的增加值为征税对象的一种流转税
纳税人	在我国境内销售货物或者加工、修理修配劳务（以下简称劳务），销售服务、无形资产、不动产以及进口货物的单位和个人，为增值税的纳税人
税收优惠	下列项目免征增值税： （1）农业生产者销售的自产农业产品 （2）避孕药品和用具 （3）古旧图书 （4）直接用于科学研究、科学试验和教学的进口仪器、设备 （5）外国政府、国际组织无偿援助的进口物资和设备 （6）由残疾人的组织直接进口供残疾人专用的物品 （7）销售自己使用过的物品

二、消费税

消费税是以特定消费品的流转额为征税对象的一种税。

纳税人	在我国境内生产、委托加工和进口应税消费品的单位和个人，以及国务院确定的销售消费税暂行条例规定的消费品的其他单位和个人
征税对象	应税消费品（主要为高耗能、高污染和高档消费品） （1）烟；（2）酒；（3）化妆品；（4）贵重首饰及珠宝玉石；（5）鞭炮、烟火；（6）成品油（含铅汽油除外）和用于调和汽油的主要原材料；（7）摩托车；（8）小汽车；（9）高尔夫球及球具；（10）高档手表；（11）游艇；（12）木制一次性筷子；（13）实木地板；（14）电池、涂料
税收优惠	对纳税人出口应税消费品，免征消费税；国务院另有规定的除外

三、车船税

纳税人	中国境内车辆、船舶的所有人或管理人
征税对象	乘用车、商用车、挂车、其他车辆、摩托车、船舶

（续）

减免	法定	1. 捕捞、养殖渔船 2. 军队、武装警察部队专用的车船 3. 警用车船 4. 悬挂应急救援专用号牌的国家综合性消防救援车辆和国家综合性消防救援专用船舶 5. 依照法律规定应当予以免税的外国驻华使领馆、国际组织驻华代表机构及其有关人员的车船以及其他法律、行政法规规定的其他车船免征车船税 【渔船军警外救援】
	酌定	1. 对节约能源、使用新能源的车船可以免征或者减征车船税 2. 对受地震、洪涝等严重自然灾害影响纳税困难，以及其他特殊原因确需减税、免税的，可以在一定期限内减征或者免征车船税 3. 省级政府可以根据实际情况，对公共交通车船，农村居民拥有并主要在农村地区使用的摩托车、三轮汽车和低速载货汽车等定期减征或免征车船税
申报缴纳和扣缴		1. 车船税按年申报缴纳 2. 车船税纳税义务发生时间为取得车船所有权或者管理权的当月 3. 从事机动车第三者责任强制保险业务的保险机构为机动车车船税的扣缴义务人，应当在收取保险费时依法代收车船税，并出具代收税款凭证

第四节　税收征收管理法

一、税收征收管理制度 ☆

账簿管理	1. 生产、经营规模小又确无建账能力的纳税人，可以聘请经批准从事会计代理记账业务的专业机构或者财会人员代为建账 2. 计算机输出的完整书面会计记录，可视同会计账簿 3. 账簿保存 10 年
税务机关核定应纳税额	纳税人有下列情形之一的，税务机关有权核定其应纳税额： （1）依照法律、行政法规的规定可以不设置账簿的 （2）依照法律、行政法规的规定应当设置账簿但未设置的 （3）擅自销毁账簿或者拒不提供纳税资料的 （4）虽设置账簿，但账目混乱或者成本资料、收入凭证、费用凭证残缺不全，难以查账的 （5）发生纳税义务，未按照规定的期限办理纳税申报，经税务机关责令限期申报，逾期仍不申报的 （6）纳税人申报的计税依据明显偏低，又无正当理由的

二、税款征收保障制度 ☆ ☆ ☆

（一）税收保全

概念	税收保全是指当税务机关有根据认为从事生产、经营的纳税人有逃避纳税义务行为时，**在规定的纳税期之前采取的措施**
对象	**从事生产经营的纳税人**
前提	1. 税务机关可以在规定的纳税期之前，责令限期缴纳应纳税款 2. 在限期内，发现纳税人有明显的转移、隐匿其应纳税的商品、货物以及其他财产或者应纳税的收入的迹象的，税务机关可以责成纳税人提供纳税担保 3. 纳税人不能提供纳税担保 4. 经县以上税务局（分局）局长批准
税收保全的具体措施	**冻结、扣押、查封**
抵缴措施	**扣缴税款、拍卖、变卖**
注意	1. 维持生活必需的住房、生活必需品、单价 5 000 元以下的生活用品不可保全、强制执行 2. 机动车、金银饰品、古玩字画、豪宅可执行

（二）税收强制执行

从事生产、经营的纳税人、扣缴义务人未按照规定的期限缴纳或者解缴税款，纳税担保人未按照规定的期限缴纳所担保的税款，由税务机关责令限期缴纳，逾期仍未缴纳的，经县以上税务局（分局）局长批准，税务机关可以采取下列强制执行措施。

1. 书面通知其开户银行或者其他金融机构从其存款中扣缴税款。

2. 扣押、查封、依法拍卖或者变卖其价值相当于应纳税款的商品、货物或者其他财产，以拍卖或者变卖所得抵缴税款。税务机关采取强制执行措施时，对前款所列纳税人、扣缴义务人、纳税担保人未缴纳的滞纳金同时强制执行。个人及其所扶养家属维持生活必需的住房和用品，不在强制执行措施的范围之内。

对比税收保全、税收强制执行

		税收保全	税收强制执行
不同点	对象	**生产、经营的纳税人**	**生产、经营的纳税人、扣缴义务人、纳税担保人**
	措施	**冻结；扣押；查封** （没有滞纳金）	**扣缴税款；扣押；查封；依法拍卖、变卖** （缴纳滞纳金）
相同点	批准	二者均要经县以上税务局（分局）局长批准	
	必需品	对生活必需品均不得采取税收保全和税收强制执行措施	

（三）其他税收保障制度

离境清税	1. 欠缴税款的纳税人或者他的法定代表人需要出境的，应当在出境前向税务机关结清应纳税款、滞纳金或者提供担保 2. 未结清税款、滞纳金，又不提供担保的，税务机关可以通知出境管理机关阻止其出境
税收优先权	1. 税收优先于无担保债权 2. 税收与有特定物的担保债权：看欠税时间是否发生在担保设定之前 3. 税收优先于罚款、没收违法所得
税收代位权与撤销权	1. 前提： （1）欠税人怠于行使到期债权，或者放弃到期债权，无偿转让财产，或者以不合理低价转让财产 （2）受让人为恶意 （3）对国家税收造成损害
	2. 代位权行使：税务机关向人民法院以自己的名义代为行使欠税人的债权
	3. 撤销权行使：请求法院撤销欠税人的行为

（四）税款的追征

1. 税务机关的责任，致使少缴、未缴的	3 年内，可要求补缴，不得要求滞纳金
2. 因纳税人、扣缴义务人计算错误等失误，未缴或者少缴税款的	税务机关在 3 年内可以追征税款、滞纳金；有特殊情况的（累计税额 10 万元以上），追征期可以延长到 5 年
3. 对偷税、抗税、骗税的，税务机关追征其未缴或者少缴的税款、滞纳金或者所骗取的税款	不受期限的限制

三、争议解决

纳税争议①	1. 须先缴纳税款及滞纳金或提供相应担保 2. 依法申请行政复议 3. 对复议不服，可以依法起诉
处罚（保全及强制措施）争议	或议或诉

第五节　审计法

一、审计机关的职责

审计机关依照法律规定独立行使审计监督权。

---

① 对是否纳税、缴纳税款的金额有争议。

（一）审计机关

1. 审计署

在国务院总理领导下，对中央预算执行情况和其他财政收支情况，对中央银行的财务收支，进行审计监督。

2. 地方各级审计机关

地方各级审计机关，对本级人民政府和上一级审计机关负责并报告工作。审计业务以上级审计机关领导为主。

地方各级审计机关负责人的任免，应当事先征求上一级审计机关的意见。

（二）审计监督职责

审计种类	审计对象	具体审计内容
财政收支	预算、决算	本级各部门（含直属单位）和下级政府预算的执行情况和决算
		政府投资和以政府投资为主的建设项目的预算执行情况和决算
财务收支	事业单位	国家的事业组织和使用财政资金的其他事业组织的财务收支
	资产、负债、损益	国有企业、国有金融机构和国有资本占控股地位或者主导地位的企业、金融机构的资产、负债、损益以及其他财务收支情况
	国有资源、国有资产	
	政府基金、公共资金	政府部门管理的和其他单位受政府委托管理的社会保险基金、全国社会保障基金、社会捐赠资金以及其他公共资金的财务收支
	援助、贷款	对国际组织和外国政府援助、贷款项目的财务收支

二、审计程序

（一）审计实施

设立审计组	1. 审计机关根据经批准的审计项目计划确定的审计事项组成审计组
	2. 应当在实施审计3日前，向被审计单位送达审计通知书
	3. 遇有特殊情况，经县级以上人民政府审计机关负责人批准，可以直接持审计通知书实施审计
实施审计	具体实施审计的方式包括： （1）审查财务、会计资料 （2）查阅与审计事项有关的文件、资料，检查现金、实物、有价证券和信息系统 （3）以向有关单位和个人调查等方式进行审计，并取得证明材料。向有关单位和个人进行调查时，审计人员应当不少于2人，并出示其工作证件和审计通知书副本

（二）审计报告

审计组报告	1. 审计组对审计事项实施审计后，应当向审计机关提出审计组的审计报告
	2. **审计组的审计报告报送审计机关前，应当征求被审计单位的意见**
	3. 被审计单位应当自接到审计组的审计报告之日起 10 日内，将其书面意见送交审计组
	4. 审计组向审计机关提交审计组的审计报告时，应当将被审计单位的书面意见一并报送审计机关
审计机关出具的审计报告	1. 审计机关按照规定对审计组的审计报告进行审议、研究后，出具审计机关的审计报告
	2. 审计机关应当将审计机关的审计报告和审计决定送达被审计单位和有关主管机关、单位，并报上一级审计机关
	3. 审计决定自送达之日起生效
	4. 上级审计机关认为下级审计机关作出的审计决定违反国家有关规定的，可以责成下级审计机关予以变更或者撤销，必要时也可以**直接作出变更或者撤销**的决定

（三）救济

1. 被审计单位对审计机关作出的有关<u>财务收支</u>的审计决定不服的，可以依法申请行政复议或者提起行政诉讼。

2. 被审计单位对审计机关作出的有关<u>财政收支</u>的审计决定不服的，可以提请审计机关的本级人民政府裁决，本级人民政府的裁决为最终决定。

三、审计机关的权限

1. 审计机关有权要求被审计单位按照审计机关的规定提供财务、会计资料以及与财政收支、财务收支有关的业务、管理等资料，包括电子数据和有关文档。被审计单位不得拒绝、拖延、谎报。被审计单位负责人应当对本单位提供资料的及时性、真实性和完整性负责。

2. 审计机关进行审计时，有权检查被审计单位的财务、会计资料以及与财政收支、财务收支有关的业务、管理等资料和资产，有权检查被审计单位信息系统的安全性、可靠性、经济性，被审计单位不得拒绝。

3. 金融账户查询。

（1）审计机关经县级以上人民政府审计机关负责人批准，有权查询被审计单位在金融机构的账户。

（2）审计机关有证据证明被审计单位违反国家规定将公款转入其他单位、个人在金融机构账户的，<u>经县级以上人民政府审计机关主要负责人批准</u>，有权查询有关单位、个人在金融机构与审计事项相关的存款。

4. 封存、冻结。

审计机关进行审计时，被审计单位转移、隐匿、篡改、毁弃财务、会计资料以及与财务收支、财政收支有关的业务、管理等资料，审计机关有权予以制止；必要时，<u>经县级以上人民政府审计机关负责人批准，</u>有权封存有关资料和违反国家规定取得的资产；

对其中在金融机构的有关存款需要予以冻结的，应当向人民法院提出申请。

5. 暂停拨付、使用。

审计机关对被审计单位正在进行的违反国家规定的财政收支、财务收支行为，有权予以制止；制止无效的，经县级以上人民政府审计机关负责人批准，通知财政部门和有关主管机关、单位暂停拨付与违反国家规定的财政收支、财务收支行为直接有关的款项，已经拨付的，暂停使用。

6. 信息公布。

审计机关可以向政府有关部门通报或者向社会公布审计结果。

第五章　土地法

扫描右侧二维码"听课＋做题"，直达最佳学习效果

1. 在线听课：学习本章节核心考点讲解课程。
2. 在线刷题：点击⌂进入题库做章节练习。

第一节　土地管理法

一、土地所有权制度 ☆☆

（一）土地公有制

中华人民共和国实行土地的社会主义公有制，即国家所有[①]和集体所有[②]。

（二）集体土地征收

1. 适用前提

为了公共利益的需要，有下列情形之一，确需征收农民集体所有的土地的，可以依法实施征收。

（1）军事和外交需要用地的。

（2）由政府组织实施的能源、交通、水利、通信、邮政等基础设施建设需要用地的。

（3）由政府组织实施的科技、教育、文化、卫生、体育、生态环境和资源保护、防灾减灾、文物保护、社区综合服务、社会福利、市政公用、优抚安置、英烈保护等公共事业需要用地的。

（4）由政府组织实施的扶贫搬迁、保障性安居工程建设需要用地的。

（5）在土地利用总体规划确定的城镇建设用地范围内，经省级以上人民政府批准由县级以上地方人民政府组织实施的成片开发建设需要用地的。

（6）法律规定为公共利益需要可以征收农民集体所有的土地的其他情形。

[①]　城市市区的土地属于国家所有。

[②]　农村和城市郊区的土地，除由法律规定属于国家所有的以外，属于农民集体所有；宅基地和自留地、自留山，属于农民集体所有。

2.适用程序

批准主体	征收下列土地的，**由国务院批准**： （1）**永久基本农田** （2）**永久基本农田以外的耕地超过 35 公顷的** （3）**其他土地超过 70 公顷的** 征收前款规定以外的土地的，**由省、自治区、直辖市人民政府批准** 征收农用地的，**应当依照规定先行办理农用地转用审批**
组织实施	国家征收土地的，依照法定程序批准后，由县级以上地方人民政府予以公告并组织实施

（三）权属争议

处理顺序	当事人协商解决 协商不成的，**政府处理** 当事人对政府的处理决定不服的，可以向法院起诉
特别提示	单位之间的争议，由县级以上人民政府处理；个人之间、个人与单位之间的争议，**由乡级人民政府或者县级以上人民政府处理** **在权属争议解决前，任何一方不得改变土地利用现状**

二、土地用途制度 ☆☆

（一）用途划分管理

国家编制土地利用总体规划，规定土地用途，将土地分为农用地、建设用地和未利用地。严格限制农用地转为建设用地，控制建设用地总量，对耕地实行特殊保护。

（二）建设用地管理

城市建设用地规模应当符合国家规定的标准，充分利用现有建设用地，不占或者尽量少占农用地。

1.农用地转建设用地

（1）建设占用土地，涉及农用地转为建设用地的，应当办理农用地转用审批手续。

（2）永久基本农田转为建设用地的，由国务院批准。

2.临时建设用地

审批流程	（1）临时使用国有土地或者农民集体所有的土地的，由县级以上人民政府自然资源主管部门批准
	（2）在城市规划区内的临时用地，在报批前，应当先经有关城市规划行政主管部门同意
	（3）土地使用者应当根据土地权属，与有关自然资源主管部门或者农村集体经济组织、村民委员会签订临时使用土地合同，并按照合同的约定支付临时使用土地补偿费
使用限制	临时使用土地的使用者应当按照临时使用土地合同约定的用途使用土地，并不得修建永久性建筑物
期限	临时使用土地期限一般不超过 2 年

（三）耕地保护制度☆☆

1. 总体要求

（1）国家保护耕地，严格控制耕地转为非耕地。

（2）国家实行占用耕地补偿制度。

（3）确保本行政区域内耕地总量不减少、质量不降低。

（4）禁止任何单位和个人闲置、荒芜耕地。[①]

2. 永久基本农田制度

基本要求	**国家实行永久基本农田保护制度**
	下列耕地应当根据土地利用总体规划划为永久基本农田，实行严格保护： （1）经国务院农业农村主管部门或者县级以上地方人民政府批准确定的**粮、棉、油、糖等重要农产品生产基地**内的耕地 （2）有良好的水利与水土保持设施的耕地，正在实施改造计划以及可以改造的中、低产田和已建成的高标准农田 （3）**蔬菜生产基地** （4）**农业科研、教学试验田** （5）国务院规定应当划为永久基本农田的其他耕地
	各省、自治区、直辖市划定的永久基本农田一般应当占本行政区域内耕地的**80% 以上**
	永久基本农田转为建设用地，由国务院批准
禁止性规定	（1）永久基本农田经依法划定后，任何单位和个人不得擅自占用或者改变其用途
	（2）国家能源、交通、水利、军事设施等重点建设项目选址确实难以避让永久基本农田，涉及农用地转用或者土地征收的，**必须经国务院批准**
	（3）**禁止通过擅自调整总体规划**等方式规避永久基本农田农用地转用或者土地征收的审批
	（4）禁止占用耕地建窑、建坟或者擅自在耕地上建房、挖砂、采石、采矿、取土等
	（5）**禁止占用永久基本农田发展林果业和挖塘养鱼**

三、国有土地使用权☆

（一）出让

出让程序	1. 出让土地符合土地利用总体规划、城市规划和年度建设用地计划
	2. 经市、县政府批准，由市、县自然资源主管部门与土地使用者签订**书面出让合同（双务有偿有期限）**
	3. 建设单位缴纳土地使用权出让金等土地有偿使用费和其他费用后，方可使用土地
	4. 建设用地的土地有偿使用费，**30% 上缴中央财政，70% 留给有关地方政府**

[①]　已经办理审批手续的非农业建设占用耕地，1 年内不用而又可以耕种并收获的，应当由原耕种该幅耕地的集体或者个人恢复耕种，也可以由用地单位组织耕种；1 年以上未动工建设的，应当按照省、自治区、直辖市的规定缴纳闲置费；连续 2 年未使用的，经原批准机关批准，由县级以上人民政府无偿收回用地单位的土地使用权；该幅土地原为农民集体所有的，应当交由原农村集体经济组织恢复耕种。

（续）

出让方式	1. 可以采取拍卖、招标或者双方协议的方式 2. 商业、旅游、娱乐和豪华住宅用地，有条件的，必须采取拍卖、招标方式；没有条件，不能采取拍卖、招标方式的，可以采取双方协议的方式
改变用途	1. 应当经有关人民政府自然资源主管部门同意，报原批准用地的人民政府批准 2. 在城市规划区内改变土地用途的，在报批前，应当先经有关城市规划行政主管部门同意
收回	1. 原则上，在合同约定使用年限届满前不收回 2. 特殊情况下，根据社会公共利益的需要，可以依法律程序提前收回，并根据实际年限和实际情况给予相应的补偿
续期	1. 住宅建设用地，使用权期限届满的，自动续期。续期费用的缴纳或者减免，依照法律、行政法规的规定办理 2. 非住宅建设用地，依照法律规定办理

（二）划拨

范围	下列建设用地，经县级以上人民政府依法批准，可以以划拨方式取得： （1）国家机关用地和军事用地 （2）城市基础设施用地和公益事业用地 （3）国家重点扶持的能源、交通、水利等基础设施用地 （4）法律、行政法规规定的其他用地
性质	1. 行政行为 2. 原则上，以划拨方式取得土地使用权的，没有使用期限的限制

四、集体土地使用权 ☆☆

（一）土地承包经营权

总要求		发包方和承包方应当依法订立承包合同，约定双方的权利义务
家庭承包		农民集体所有和国家所有依法由农民集体使用的耕地、林地、草地，以及其他依法用于农业的土地，采取农村集体经济组织内部的家庭承包方式承包
	期限	家庭承包的耕地的承包期为30年，草地的承包期为30年至50年，林地的承包期为30年至70年；耕地承包期届满后再延长30年，草地、林地承包期届满后依法相应延长
对外承包		不宜采取家庭承包方式的荒山、荒沟、荒丘、荒滩等，可以采取招标、拍卖、公开协商等方式承包，从事种植业、林业、畜牧业、渔业生产

（二）乡村建设用地

1. 宅基地使用权

一户一宅	农村村民一户只能拥有一处宅基地，其宅基地的面积不得超过省、自治区、直辖市规定的标准
	农村村民出卖、出租、赠与住宅后，再申请宅基地的，不予批准

（续）

户有所居	人均土地少、不能保障一户拥有一处宅基地的地区，县级人民政府在充分尊重农村村民意愿的基础上……保障农村村民实现户有所居
使用限制	农村村民建住宅，应当符合乡（镇）土地利用总体规划、村庄规划，不得占用永久基本农田，并尽量使用原有的宅基地和村内空闲地
程序	农村村民住宅用地，由乡（镇）人民政府审核批准；其中，涉及占用农用地的，依法办理审批手续
退出有偿	国家允许进城落户的农村村民依法自愿有偿退出宅基地，鼓励农村集体经济组织及其成员盘活利用闲置宅基地和闲置住宅

2. 兴办企业

农村集体经济组织使用乡（镇）土地利用总体规划确定的建设用地兴办企业或者与其他单位、个人以土地使用权入股、联营等形式共同举办企业的，应当持有关批准文件，向县级以上地方人民政府自然资源主管部门提出申请，按照省、自治区、直辖市规定的批准权限，由县级以上地方人民政府批准；其中，涉及占用农用地的，依照规定办理审批手续。

3. 公共设施、公益事业建设

乡（镇）村公共设施、公益事业建设，需要使用土地的，经乡（镇）人民政府审核，向县级以上地方人民政府自然资源主管部门提出申请，按照省、自治区、直辖市规定的批准权限，由县级以上地方人民政府批准；其中，涉及占用农用地的，依照规定办理审批手续。

4. 集体经营性建设用地

入市条件	土地利用总体规划、城乡规划确定为工业、商业等经营性用途，并经依法登记的集体经营性建设用地，经本集体经济组织成员的村民会议 2/3 以上成员或者 2/3 以上村民代表的同意，土地所有权人可以通过出让、出租等方式交由单位或者个人使用，并应当签订书面合同
流转条件	通过出让等方式取得的集体经营性建设用地使用权可以转让、互换、出资、赠与或者抵押，但法律、行政法规另有规定或者土地所有权人、土地使用权人签订的书面合同另有约定的除外
使用限制	集体建设用地的使用者应当严格按照土地利用总体规划、城乡规划确定的用途使用土地
	在土地利用总体规划制定前已建的不符合土地利用总体规划确定的用途的建筑物、构筑物，不得重建、扩建
年限	参照同类用途的国有建设用地执行

第二节 城乡规划法

一、城乡规划

（一）城乡规划的分类

城乡规划，包括城镇体系规划、城市规划、镇规划、乡规划和村庄规划。

（二）城市规划、镇规划

1. 总体规划

内容	城镇的发展布局，功能分区，用地布局，综合交通体系，禁止、限制和适宜建设的地域范围，各类专项规划等
期限	总体规划的规划期限一般为20年
强制性内容	建设用地规模、基础设施和公共服务设施用地、水源地和水系、基本农田和绿化用地、环境保护、自然与历史文化遗产保护以及防灾减灾等应当作为总体规划的强制性内容
限制	总体规划确定的建设用地范围以外，不得设立各类开发区和城市新区

2. 详细规划

控制性详细规划	根据城（镇）总体规划的要求，组织编制控制性详细规划
修建性详细规划	城乡规划主管部门和镇人民政府可以组织编制重要地块的修建性详细规划
	修建性详细规划应当符合控制性详细规划
	优先安排基础设施；公共服务设施的建设

3. 近期建设规划

（1）近期建设规划期限为5年。

（2）近期建设规划应当根据城镇总体规划、土地利用总体规划、年度计划、国民经济和社会发展规划制定。

（3）近期建设规划以重要基础设施、公共服务设施和中低收入居民住房建设以及生态环境保护为重点内容，明确近期建设的时序、发展方向和空间布局。

二、城乡规划的实施 ☆

（一）一般规则

1.城市的建设和发展，应当优先安排基础设施以及公共服务设施的建设。

2.城乡规划主管部门不得在城乡规划确定的建设用地范围以外作出规划许可。

（二）建设用地规划许可

划拨方式	一般项目	审核建设项目→建设单位提出建设用地规划许可申请→规划主管部门核发建设用地规划许可证→自然资源主管部门划拨土地
	事先申请选址的项目	（1）需要有关部门批准或者核准的建设项目，以划拨方式提供国有土地使用权的，建设单位在报送有关部门批准前或者核准前，应当向城乡规划主管部门申请核发选址意见书
		（2）其他建设项目不需要申请选址意见书
出让方式		出让前，规划主管部门应当依据控制性详细规划，提出出让地块的位置、使用性质、开发强度等规划条件，作为出让合同的组成部分→取得建设项目的批准、核准、备案文件＋签出让合同→到规划主管部门领建设用地规划许可证
乡村建设		建设单位向乡镇政府提出申请→规划主管部门核发乡村建设规划许可证→自然资源主管部门办理用地审批手续

（三）临时建设规划许可

批准部门	1. 进行临时建设的，应当经城乡规划主管部门批准 2. 临时建设影响近期建设规划或者控制性详细规划的实施以及交通、市容、安全等的，不得批准
违章建设的种类	1. 未经批准进行临时建设的 2. 未按照批准内容进行临时建设的 3. 临时建筑物、构筑物超过批准期限不拆除的
对违章建设的处罚	1. 违反者，**由城乡规划主管部门责令限期拆除，可并处罚款** 2. 城乡规划主管部门作出责令停止建设或者限期拆除的决定后，当事人不停止建设或者逾期不拆除的，建设工程所在地县级以上地方人民政府可以责成有关部门采取查封施工现场、强制拆除等措施

（四）变更规划条件

1. 建设单位应当按照规划条件进行建设。

2. 确需变更的，必须向城乡规划主管部门提出申请。变更内容不符合控制性详细规划的，城乡规划主管部门不得批准。

3. 城乡规划主管部门应当及时将依法变更后的规划条件通报同级土地主管部门并公示。

4. 建设单位应当及时将依法变更后的规划条件报有关人民政府土地主管部门备案。

第三节　房地产交易制度

1. 按照交易形式不同，房地产交易可分为房地产转让、抵押、租赁。

2. **房地一体主义**：交易原则采取房地一体主义。房地产交易时，房屋的所有权和该房屋占用范围内的土地使用权同时转让、抵押。

3. **登记生效主义**：房地产转让、抵押，当事人应当办理权属登记。

一、房地产转让

以出让方式取得土地使用权的转让条件	以出让方式取得土地使用权，转让其上房屋要满足"一金二证一投资开发"的条件。 （1）按照出让合同约定已经支付全部土地使用权出让金，并取得土地使用权证书 （2）按照出让合同约定进行投资开发，属于房屋建设工程的，完成开发投资总额的25%以上，属于成片开发土地的，形成工业用地或者其他建设用地条件 （3）转让房地产时房屋已经建成的，还应当持有房屋所有权证书
	转让房地产后其土地使用权的使用年限为原出让合同约定的使用年限减去已经使用年限后的剩余年限
以划拨方式取得土地使用权的转让条件	1. 报有批准权的人民政府审批 2. 有批准权的人民政府准予转让的，应当由受让方办理土地使用权出让手续，并依照国家有关规定缴纳土地使用权出让金 3. 有批准权的人民政府按照国务院规定决定可以不办理土地使用权出让手续的，转让方应当按照国务院规定将转让房地产所获收益中的土地收益上缴国家或者作其他处理

二、房地产的抵押

出让方式下土地和房屋的抵押	以出让方式取得的土地使用权，可以单独设定抵押权；若该土地上有房屋时，应当将该国有土地上的房屋同时抵押
划拨方式下土地和房屋的抵押	1. 以划拨方式取得的土地使用权不得单独抵押 2. 设定房产抵押权的土地使用权是以划拨方式取得的，以房产设定抵押时必须同时抵押房屋所占用范围内划拨的土地使用权。依法拍卖该房地产后，应当从拍卖所得中缴纳相当于土地使用权出让金的款额后，抵押权人方可受偿
新增地上物的处理	1. 房地产抵押合同签订后，土地上新增的房屋不属于抵押财产 2. 需要拍卖该抵押的房地产时，因新增房屋与抵押财产无法实际分割，可以依法将土地上新增的房屋与抵押财产一同拍卖，但对拍卖新增房屋所得，抵押权人无权优先受偿

三、房屋租赁

以营利为目的，房屋所有权人将以划拨方式取得使用权的国有土地上建成的房屋出租的，应当将租金中所含土地收益上缴国家。

四、商品房预售

商品房预售条件	1. 已交付全部土地使用权出让金，取得土地使用权证书 2. 持有建设工程规划许可证 3. 按提供预售的商品房计算，投入开发建设的资金达到工程建设总投资的25%以上，并已经确定施工进度和竣工交付日期 4. 向房产管理部门办理预售登记，取得商品房预售许可证明。无证预售的，预售合同无效，但起诉前取得预售许可证的，可以认定为有效

（续）

备案	商品房预售人应当将预售合同报县级以上房产管理部门备案。**未备案不影响合同效力**
款项用途	商品房预售所得款项，必须用于有关的工程建设

第四节　不动产登记法律制度

一、不动产登记簿、不动产权属证书、不动产交易合同

不动产登记簿	登记生效	不动产物权的设立、变更、转让和消灭，依照法律规定应当登记的，自记载于不动产登记簿时发生效力
	永久保存	不动产登记簿由不动产登记机构永久保存
登记簿和权属证书的关系		1. 不动产权属证书，**是权利人享有该不动产物权的证明** 2. 不动产权属证书记载的事项，应当与不动产登记簿一致；记载不一致的，除有证据证明不动产登记簿确有错误外，以不动产登记簿为准
登记簿和合同的关系		不动产物权的设立、变更、转让和消灭等合同，除法律另有规定或者合同另有约定外，自合同成立时生效；未办理不动产登记的，不影响合同效力

二、不动产登记程序

申请	**双方申请为原则，单方申请为例外**①
受理	不动产登记机构收到不动产登记申请材料，应当分别按照下列情况办理： （1）登记职责范围内＋申请材料瑕疵可当场更正→当场更正＋书面告知受理 （2）登记职责范围内＋申请材料不合要求，无法当场更正→当场书面告知不受理＋一次性告知需补正内容 （3）未当场书面告知申请人不予受理的，视为受理
查验事项	不动产登记机构受理不动产登记申请的，应当按照下列要求进行查验： （1）不动产界址、空间界限、面积等材料与申请登记的不动产状况是否一致 （2）有关证明材料、文件与申请登记的内容是否一致 （3）登记申请是否违反法律、行政法规规定

---

① 属于下列情形之一的，可以由当事人单方申请：
第一，尚未登记的不动产首次申请登记的。
第二，继承、接受遗赠取得不动产权利的。
第三，法院、仲裁委员会生效的法律文书或者政府生效的决定等设立、变更、转让、消灭不动产权利的。
第四，权利人姓名、名称或者自然状况发生变化，申请变更登记的。
第五，不动产灭失或者权利人放弃不动产权利，申请注销登记的。
第六，申请更正登记或者异议登记的。
第七，其他。

（续）

实地查看	下列情形，不动产登记机构可以对申请登记的不动产进行实地查看： （1）房屋等建筑物、构筑物所有权**首次登记** （2）在建建筑物抵押权登记 （3）因不动产灭失导致的注销登记 （4）不动产登记机构认为需要实地查看的其他情形
不予登记	登记申请有下列情形之一的，不动产登记机构应当不予登记，并书面告知申请人： （1）违反法律、行政法规规定的 （2）存在尚未解决的权属争议的 （3）申请登记的不动产权利超过规定期限的 （4）其他
信息共享	1.权利人、利害关系人可以依法查询、复制 2.有关国家机关可以依照法律、行政法规的规定查询、复制与调查

第三部分　环境资源法

第一章　环境保护法

一、环境影响评价制度

（一）规划的环境影响评价 ☆☆☆

总体规划	对象	土地利用的有关规划，区域、流域、海域的建设、开发利用规划
	程序	1. 在规划编制过程中组织进行环境影响评价，编写该规划有关环境影响的篇章或者说明
		2. 未编写有关环境影响的篇章或者说明的规划草案，审批机关不予审批
		3. 对环境有重大影响的规划实施后，编制机关应当及时组织环境影响的跟踪评价，并将评价结果报告审批机关
专项规划	对象	工业、农业、畜牧业、林业、能源、水利、交通、城市建设、旅游、自然资源开发的有关专项规划
	程序	1. 应当在该专项规划草案上报审批前，组织进行环境影响评价，并向审批该专项规划的机关提出环境影响报告书。未附送环境影响报告书的，审批机关不予审批
		2. 对可能造成不良影响并直接涉及公众权益的规划，应当在该规划草案报送审批前，举行听证会、论证会
		3. 人民政府在审批专项规划草案、作出决策前，对环境影响报告书进行审查
		4. 有重大影响的规划实施后，进行跟踪评价，并将评价结果报告审批机关

（二）建设项目的环境影响评价 ☆☆☆

1. 建设项目环评的分类管理

类别	分类管理
可能造成重大环境影响的建设项目→报告书、全面评价、审批	（1）应当编制环境影响报告书；对产生的环境影响进行全面评价 （2）在对水环境可能造成影响和可能产生环境噪声污染的建设项目的环境影响报告书中，应该有该建设项目所在地单位和居民的意见（水污染、噪声污染）
可能造成轻度环境影响的建设项目→报告表、专项评价、审批	应当编制环境影响报告表，对产生的环境影响进行分析或者专项评价
对环境影响很小的建设项目→登记表、备案	（1）应当填报环境影响登记表 （2）无须审批，备案管理

2. 建设项目环评时间及审批

环评时间	（1）建设项目的环境影响评价报告文件，均应在建设项目可行性研究阶段报批 （2）建设单位应当在报批建设项目环境影响报告书前，举行论证会、听证会或者采取其他形式，征求有关单位、专家和公众的意见
审批机关	（1）国务院生态环境主管部门负责审批 ① 核设施、绝密工程等特殊性质的建设项目 ② 跨省、自治区、直辖市行政区域的建设项目 ③ 由国务院审批的或者由国务院授权有关部门审批的建设项目的环评文件 （2）其他项目的审批权限，由省级政府规定 建设项目可能造成跨行政区域的不良环境影响，有关生态环境主管部门对该项目的环境影响评价结论有争议的，其环境影响评价文件由共同的上一级生态环境主管部门审批
费用收取	审核、审批建设项目环境影响报告书、报告表以及备案环境影响登记表，不得收取任何费用
未环评不得开工建设	建设项目的环境影响评价文件未依法经审批部门审查或者审查后未予批准的，建设单位不得开工建设
环评机构	为环评提供技术服务的机构，不得与审批部门存在任何利益关系

3. 特殊环评

重新报批	建设项目的环境影响评价文件经批准后，建设项目的性质、规模、地点、采用的生产工艺或者防治污染、防止生态破坏的措施发生重大变动的，建设单位应当重新报批建设项目的环境影响评价文件
重新审核	建设项目的环境影响评价文件自批准之日起超过5年，方决定该项目开工建设的，其环境影响评价文件应当报原审批部门重新审核
后评价	在项目建设、运行过程中产生不符合经审批的环境影响评价文件的情形的，建设单位应当组织环境影响的后评价，采取改进措施，并报原环境影响评价文件审批部门和建设项目审批部门备案；原环境影响评价文件审批部门也可以责成建设单位进行环境影响的后评价，采取改进措施

4. 规划环评与项目环评间的关系

（1）建设项目的环境影响评价，应当避免与规划的环境影响评价相重复。

（2）作为一项整体建设项目的规划，按照建设项目进行环境影响评价，不进行规划的环境影响评价。

（3）已经进行了环境影响评价的规划包含具体建设项目的，规划的环境影响评价结论应当作为建设项目环境影响评价的重要依据，建设项目环境影响评价的内容应当根据规划的环境影响评价审查意见予以简化。

二、环境标准制度 ☆☆

环境质量标准	环境质量标准，是环境中所允许含有有害物质或因素的最高限额
	环境质量标准是确认环境是否被污染，以及排污者承担相应民事责任的主要根据
	分类： （1）国标。由生态环境主管部门制定国家环境质量标准 （2）地标。省级政府对国家环境质量标准中未作规定的项目，可以制定地方环境质量标准；对国家环境质量标准中已作规定的项目，可以制定严于国家环境质量标准的地方环境质量标准。地方标准报国务院生态环境主管部门备案
排污标准	1. 污染物排放标准，是允许排污企业排放污染物或有害环境的能量的最高限额
	2. 污染物排放标准是认定排污行为是否合法，以及排污者是否承担行政法律责任的主要根据
	3. 分类（同环境质量标准）
二者关系	二者关系：在我国环保标准体系中，环境质量标准是核心。例如，根据国家环境质量标准及经济、技术条件，制定国家污染物排放标准。（环境质量标准是基础）

三、信息公开和公众参与 ☆

主体	公开内容
重点排污单位	如实向社会公开其主要污染物的名称、排放方式、排放浓度和总量、超标排放情况，以及防治污染设施的建设和运行情况，接受社会监督
对依法应当编制环境影响报告书的建设项目	建设单位编制时向可能受影响的公众说明情况，充分征求意见
负责审批建设项目环境影响评价文件的部门	收到建设项目环境影响报告书后，除涉及国家秘密和商业秘密的事项外，应当全文公开；发现建设项目未充分征求公众意见的，应当责成建设单位征求公众意见

四、生态保护制度 ☆

红线制度	国家在重点生态功能区、生态环境敏感区和脆弱区等区域划定生态保护红线，实行严格保护（功、敏、脆）
生态保护补偿制度	1. 国家加大对生态保护地区的财政转移支付力度 2. 国家指导受益地区和生态保护地区政府通过协商或者按照市场规则进行生态保护补偿
保护生物多样性	引进外来物种以及研究、开发和利用生物技术，应当采取措施，防止对生物多样性的破坏

五、其他环境保护制度☆☆

制度类型	具体内容
"三同时"制度	1. 建设项目主体工程、环保防治污染的设施：同时设计、同时施工、同时投产使用（包括同时投入试运行、同时竣工验收） 2. 防治污染的设施不得擅自拆除或者闲置
环境保护税制度	对大气污染物、水污染物、固体废物和噪声四类污染物，由税务部门征收环保税
总量控制制度	1. 针对重点污染物排放的地区和流域 2. 程序：国务院下达重点污染物排放总量控制指标→省级政府分解落实→企业事业单位遵守分解落实到本单位的总量控制指标 3. 对超过国家重点污染物排放总量控制指标或者未完成国家确定的环境质量目标的地区，省级以上生态环境主管部门应当暂停审批其新增重点污染物排放总量的建设项目环境影响评价文件

六、环境行政责任

违法排放的行政责任	1. 企业事业单位和其他生产经营者违法排放污染物，受到罚款处罚，被责令改正，拒不改正的，依法作出处罚决定的行政机关可以自责令改正之日的次日起，按照原处罚数额按日连续处罚，上不封顶 2. 罚款的数额，按照防止污染设施的运行成本、违法行为造成的直接损失或违法所得等因素确定
超标排放的行政责任	超过污染物排放标准或者超过重点污染物排放总量控制指标排放污染物的，县级以上人民政府生态环境主管部门可以责令其采取限制生产、停产整治等措施；情节严重的，报经有批准权的人民政府批准，责令停业、关闭
擅自开工建设的行政责任	建设单位未依法提交建设项目环境影响评价文件或者环境影响评价文件未经批准，擅自开工建设的，由负有环境保护监督管理职责的部门责令停止建设，处以罚款，并可以责令恢复原状
违反信息公开义务的行政责任	重点排污单位不公开或者不如实公开环境信息的，由县级以上地方人民政府生态环境主管部门责令公开，处以罚款，并予以公告
直接责任人员的行政责任	企业事业单位和其他生产经营者有下列行为之一，尚不构成犯罪的，除依照有关法律法规的规定予以处罚外，案件移送公安机关，对其直接负责的主管人员和其他直接责任人员，处10日以上15日以下拘留；情节较轻的，处5日以上10日以下拘留。 （1）建设项目未依法进行环境影响评价，被责令停止建设，拒不执行的（未环评、不停建） （2）违反法律规定，未取得排污许可证排放污染物，被责令停止排污，拒不执行的（违法排污） （3）通过暗管、渗井、渗坑、灌注或者篡改、伪造监测数据，或者不正常运行防治污染设施等逃避监管的方式违法排放污染物的 （4）生产、使用国家明令禁止生产、使用的农药，被责令改正，拒不改正的

七、环境民事责任

无过错责任原则	法定免责理由： （1）不可抗力 （2）被害人故意自招其害	
举证责任	被侵权方需要证明	（1）污染者排放了污染物 （2）被侵权人的损害 （3）污染者排放的污染物或者其次生污染物与损害之间具有关联性
	侵权方需要证明	行为人应当就法律规定的不承担责任或者减轻责任的情形及其排污行为与损害后果之间不存在因果关系承担举证责任
多因一果	两个以上侵权人污染环境、破坏生态的，承担责任的大小，根据污染物的种类、浓度、排放量，破坏生态的方式、范围、程度，以及行为对损害后果所起的作用等因素确定（按份责任）	
第三人过错的处理	因第三人的过错污染环境、破坏生态的，被侵权人可以向侵权人请求赔偿，也可以向第三人请求赔偿。侵权人赔偿后，有权向第三人追偿（不真正连带责任）	
第三人连带责任	环境影响评价机构、环境监测机构……在有关环境服务活动中弄虚作假……应当与造成环境污染和生态破坏的其他责任者承担连带责任	
诉讼时效	1. **停止侵害、排除妨碍、消除危险，无时效限制** 2. **损害赔偿的诉讼时效是 3 年**，从当事人知道或者应当知道受到污染损害时起计算	
行政调解	环境民事侵权纠纷中，环境行政调解处理不是必经程序	

八、环境公益诉讼

主体	1. 依法在设区的市级以上人民政府民政部门登记的社会组织 2. 专门从事环境保护公益活动连续 5 年以上且无违法记录
跨区诉讼	环境公益诉讼不受地域限制
与私益诉讼并行	环境公益诉讼，不影响同一污染行为的受害人提起私益诉讼。生效判决有利于私益诉讼原告的，该原告可在诉讼中主张适用

第二章　森林法

扫描右侧二维码"听课 + 做题",直达最佳学习效果

1. 在线听课:学习本章节核心考点讲解课程。
2. 在线刷题:点击🏠进入题库做章节练习。

一、权属制度

森林所有权		1. 森林资源属于国家所有 2. 由法律规定属于集体所有的除外
林木所有权	个人	(1)农村居民在房前屋后、自留地、自留山种植的林木,归个人所有 (2)城镇居民在自有房屋的庭院内种植的林木,归个人所有
	承包者	集体或者个人承包国家所有和集体所有的宜林荒山荒地荒滩营造的林木,归承包的集体或者个人所有;合同另有约定的从其约定
权属争议	行政处理前置	(1)单位之间发生的林木、林地所有权和使用权争议,由县级以上政府依法处理 (2)个人之间、个人与单位之间发生的林木所有权和林地使用权争议,由乡镇人民政府或者县级以上人民政府依法处理 (3)当事人对政府的处理决定不服的,可以向法院起诉
	维持林地现状	权属争议解决前,除因森林防火、林业有害生物防治、国家重大基础设施建设等需要外,当事人任何一方不得砍伐有争议的林木或者改变林地现状

二、森林分类经营管理☆

森林按功能分为公益林和商品林。

(一)公益林

概念	根据生态保护的需要,将森林生态区位重要或者生态状况脆弱,以发挥生态效益为主要目的的林地和林地上的森林划定为公益林
管理	1. 国家对公益林实施严格保护 2. 可以合理利用公益林林地资源和森林景观资源,适度开展林下经济、森林旅游等
采伐	1. 公益林只能进行抚育、更新和低质低效林改造性质的采伐(但因科研或者实验、防治林业有害生物、建设护林防火设施、营造生物防火隔离带、遭受自然灾害等需要采伐的除外)
	2. 自然保护区的林木,禁止采伐(但因防治林业有害生物、森林防火、维护主要保护对象生存环境、遭受自然灾害等特殊情况必须采伐的和实验区的竹林除外)

（二）商品林 ☆

概念	未划定为公益林的林地和林地上的森林属于商品林
管理	商品林由林业经营者依法自主经营
采伐	商品林**严格控制采伐面积，伐育同步规划实施**

（三）禁止性规定

1. 任何组织和个人不得侵犯森林、林木、林地的所有者和使用者的合法权益。
2. 不得非法改变林地用途和毁坏森林、林木、林地。
3. 禁止毁林开垦、采石、采砂、采土以及其他毁坏林木和林地的行为。
4. 禁止向林地排放重金属或者其他有毒有害物质。
5. 禁止在幼林地砍柴、毁苗、放牧。
6. 禁止擅自移动或者损坏森林保护标志。
7. 禁止破坏古树名木和珍贵树木及其生存的自然环境。

三、森林保护措施 ☆

林地保护	1. 严格控制林地转为非林地，实行占用林地总量控制，确保林地保有量不减少
	2. 各类建设项目占用林地不得超过本行政区域的占用林地总量控制指标
特殊林区的保护	1. **重点林区**按照规定享受国家重点生态功能区**转移支付**等政策
	2. 在典型森林生态地区、珍贵动物和植物生长繁殖的林区、天然热带雨林区，建立**以国家公园为主体**的自然保护地体系
	3. 国家实行**天然林全面保护制度**，严格限制天然林采伐，逐步提高天然林生态功能
临时用地	1. 应当经县级以上人民政府林业主管部门批准
	2. 一般不超过 2 年
	3. 不得修建永久性建筑物
	4. 临时使用林地期满后 1 年内，用地单位或者个人应当恢复植被和林业生产条件

第三章　矿产资源法

扫描右侧二维码"听课 + 做题"，直达最佳学习效果
1. 在线听课：学习本章节核心考点讲解课程。
2. 在线刷题：点击 ⌂ 进入题库做章节练习。

一、权属制度

1. 矿产资源属于国家所有。国家对矿产资源勘查实行统一的区块登记管理制度。

2. 地表或者地下的矿产资源的国家所有权，不因其所依附的土地的所有权或者使用权的不同而改变。

3. 矿业权包括探矿权和采矿权。国家实行探矿权、采矿权有偿取得的制度。

4. 开采矿产资源，必须按照国家有关规定缴纳资源税和资源补偿费。

二、勘查开发管理

开采审批制度	实行中央政府和省级政府两级审批制度	
	开采下列矿产资源，由国务院地质矿产主管部门审批，并颁发采矿许可证。 （1）国家规划矿区和对国民经济具有重要价值的矿区内的矿产资源 （2）前项规定区域以外可供开采的矿产储量规模在大型以上的矿产资源 （3）国家规定实行保护性开采的特定矿种 （4）领海及中国管辖的其他海域的矿产资源	
有计划开采措施	1. 对国家规划矿区 2. 对国民经济具有重要价值的矿区 3. 实行保护性开采的特定矿种，实行有计划的开采；未经国务院有关主管部门批准，任何单位和个人不得开采	
个人采挖项目	允许	（1）零星分散资源 （2）只能用作普通建筑材料的砂、石、黏土 （3）为生活自用采挖少量矿产
	禁止	矿产储量规模适宜由矿山企业开采的矿产资源、国家规定实行保护性开采的特定矿种、禁止个人开采的其他矿产资源，个人不得开采

（续）

禁止开采 的地区	非经国务院授权的有关主管部门同意，不得在下列地区开采矿产资源。 （1）港口、机场、国防工程设施圈定地区以内 （2）重要工业区、大型水利设施、城镇市政工程设施附近一定距离以内 （3）铁路、重要公路两侧一定距离以内 （4）重要河流、堤坝两侧一定距离以内 （5）国家划定的自然保护区、重要风景区，国家重点保护的不能移动的历史文物和名胜古迹所在地
矿区争议 解决	1.矿区范围的争议，由当事人协商解决 2.协商不成的，由有关县级以上地方人民政府根据依法核定的矿区范围处理 3.跨省、自治区、直辖市的矿区范围的争议，由有关省级人民政府协商解决，协商不成的，由国务院处理

第四部分　劳动与社会保障法

第一章　劳动法和劳动合同法

扫描右侧二维码"听课 + 做题"，直达最佳学习效果

1. 在线听课：学习本章节核心考点讲解课程。
2. 在线刷题：点击 🏠 进入题库做章节练习。

第一节　劳动法律关系

一、适用范围的一般规定

（一）调整对象

劳动法的主要调整对象为劳动关系。狭义的劳动关系指的是劳动者[①]与用人单位[②]之间在实现劳动过程中发生的社会关系。

（二）对特殊对象的保护

1. 禁止用人单位招用未满 16 周岁的未成年人。

2. 文艺、体育和特种工艺单位招用未满 16 周岁的未成年人，必须遵守国家有关规定，并保障其接受义务教育的权利。

3. 对未成年工的特殊保护。

定义	未成年工是指年满 16 周岁未满 18 周岁的劳动者
健康检查	用人单位应当对未成年工定期进行健康检查
禁止性规定	不得安排未成年工从事矿山井下、有毒有害、第四级体力劳动强度的劳动

4. 对女职工的特殊保护。

一般规定	禁止安排从事矿山井下、第四级体力劳动强度的劳动
经期	不得安排从事高处、低温、冷水作业和第三级体力劳动强度的劳动
孕期	（1）不得安排从事第三级体力劳动强度的劳动和孕期禁忌从事的劳动 （2）对怀孕 7 个月以上的女职工，不得安排其延长工作时间和夜班劳动

---

① 劳动者是指劳动力的所有者，可以运用其脑力和体力从事物质创作和完成其他工作任务。劳动者包括在法定劳动年龄内具有劳动能力的我国公民、外国人、无国籍人，不包括公务员、事业单位和社会团体中纳入公务员编制或者参照公务员进行管理的人员、现役军人、家庭雇佣劳动关系、单纯从事农业生产的农民等。

② 用人单位是指使用和管理劳动者并付给其劳动报酬的单位。劳动法限定用人单位为依法成立的企业、个体经济组织、国家机关、事业组织、社会团体、民办非企业单位等组织。

（续）

| 哺乳期 | 在哺乳未满一周岁的婴儿期间不得安排从事第三级体力劳动强度的劳动和哺乳期禁忌从事的其他劳动，不得安排其延长工作时间和夜班劳动 |
| | 女职工生育享受不少于 98 天的产假 |

二、劳动合同☆☆

（一）定义与类型

劳动合同，是劳动者与用人单位之间确立劳动关系，明确双方权利和义务的书面协议。

劳动合同分为固定期限劳动合同、无固定期限劳动合同和以完成一定工作任务为期限的劳动合同。

（二）无固定期限劳动合同

无固定期限劳动合同，是指用人单位与劳动者约定无确定终止时间的劳动合同。

	意定	用人单位与劳动者协商一致，可以订立无固定期限劳动合同
订立	法定	有下列情形之一，劳动者提出或者同意续订、订立劳动合同的，除劳动者提出订立固定期限劳动合同外，应当订立无固定期限劳动合同。 （1）劳动者在该用人单位连续工作满 10 年的 （2）用人单位初次实行劳动合同制度或者国有企业改制重新订立劳动合同时，劳动者在该用人单位连续工作满 10 年且距法定退休年龄不足 10 年的 （3）连续订立 2 次固定期限劳动合同，且劳动者没有过错性辞退和非过错性辞退的情形，续订劳动合同的（从 2008 年 1 月 1 日起计算）
	推定	用人单位自用工之日起满 1 年不与劳动者订立书面劳动合同的，视为用人单位与劳动者已订立无固定期限劳动合同
例外		地方政府及相关部门为安置就业困难人员提供的给予岗位补贴和社会保险补贴的公益性岗位，其劳动合同不适用无固定期限劳动合同的规定以及支付经济补偿的规定

三、劳动合同的订立☆☆

劳动关系的建立	建立劳动关系，应当订立书面劳动合同
	劳动关系自用工之日起建立

（续）

未订立书面劳动合同	1个月内	（1）用人单位**尚无不利后果** （2）经用人单位书面通知，若劳动者不愿签订劳动合同，用人单位应当**书面通知**劳动者终止劳动关系，**无须支付经济补偿，但应当支付劳动报酬**
	1个月～1年	（1）用人单位应当**每月支付2倍工资，并补订书面劳动合同**^① （2）劳动者不与用人单位订立书面劳动合同的，用人单位应书面通知劳动者终止劳动关系，并支付**经济补偿**
	超过1年	（1）**视为已订立无固定期限劳动合同** （2）并同时向劳动者最多支付**11个月双倍工资**

四、劳动合同的条款☆☆☆

（一）试用期条款

不得约定试用期的情形	（1）以完成一定工作任务为期限的劳动合同 （2）劳动合同期限不满3个月的 （3）非全日制用工
试用期约定限制	（1）**同一用人单位与同一劳动者只能约定一次试用期**。劳动者在同一用人单位调整或变更工作岗位，用人单位不得再次约定试用期
	（2）试用期包含在劳动合同期限内。劳动合同仅约定试用期的，试用期不成立，该期限为劳动合同期限
试用期时间	劳动合同期限**3**个月以上不满**1**年的	**不超过1个月**
	劳动合同期限**1**年以上不满**3**年的	**不得超过2个月**
	3年以上固定期限和无固定期限的劳动合同	试用期不得超过6个月
试用期工资	劳动者在试用期的工资**不得低于**本单位相同岗位最低档工资的**80%**或者劳动合同约定工资的80%，并**不得低于**用人单位所在地的**最低工资标准**
解除试用期合同的限制	在试用期中，劳动者有过错或者劳动者自身原因导致不能胜任工作，可以解除合同
试用期内劳动者的各项劳动权利受法律保护，**用人单位应为劳动者缴纳社会保险**	

（二）保密条款

1.双方当事人可以就商业秘密的范围、保密期限、保密措施、保密义务及赔偿责任等进行约定。

2.劳动者因违反约定保密事项给用人单位造成损失的，应承担赔偿责任。

（三）竞业限制条款

主体	负保密义务人员；高级管理人员；高级技术人员

---

① 每月支付2倍工资的起算时间，为用工之日起满1个月的次日，截止时间为补订书面劳动合同的前一日。劳动者请求2倍工资，适用仲裁时效1年的限制。

（续）

内容	在解除或终止劳动合同后： （1）禁止到竞争对手处工作 （2）禁止自己开业与原单位竞争
时间	最长 2 年，原单位在禁止期限内，按月给付经济补偿
对未约定金额的处理	**按照劳动者在劳动合同解除或者终止前 12 个月平均工资的 30% 按月支付经济补偿。**月平均工资的 30% 低于劳动合同履行地最低工资标准的，按照劳动合同履行地最低工资标准支付
注意	1. 单位解约：额外支付 3 个月经济补偿 2. 单位违约：如果因为用人单位的原因 3 个月未支付经济补偿金，劳动者可以请求解除竞业限制约定 3. 劳动者违约：支付违约金，遵守竞业义务

（四）服务期条款

1. 一般规则

适用	用人单位为劳动者提供专项培训费用，对其进行**专业技术培训的**，可以与该劳动者订立协议，**约定服务期**[①]
违约金	劳动者违反服务期约定的，应当按照约定向用人单位支付**违约金** 违约金的数额不得超过用人单位提供的培训费用。用人单位要求劳动者支付的违约金不得超过服务期尚未履行部分所应**分摊**的培训费用
工资调整	用人单位与劳动者约定服务期的，**不影响**按照正常的工资调整机制提高劳动者在服务期期间的劳动报酬

2. 约定服务期条款下，劳动合同的解除

用人单位解除	原则	用人单位因裁员、情势变更解除未到服务期的合同，劳动者无须支付违约金
	例外	劳动者有严重过错，用人单位解除约定服务期的劳动合同的，劳动者要支付违约金
劳动者解除	一般	未到服务期，劳动者提出解除劳动合同的，要支付违约金
	除外	无须支付违约金的情形： （1）用人单位未按照劳动合同约定提供劳动保护或者劳动条件的 （2）用人单位未及时足额支付劳动报酬的 （3）用人单位未依法为劳动者缴纳社会保险费的 （4）用人单位的规章制度违反法律、法规的规定，损害劳动者权益的 （5）因欺诈、胁迫等违背劳动者真实意思导致劳动合同无效的 （6）法律、行政法规规定劳动者可以解除劳动合同的其他情形

五、劳动合同的解除 ☆☆☆

劳动合同的解除，指在<u>劳动合同期满之前</u>终止劳动合同关系的法律行为。

---

① 所谓服务期是指法律规定的因用人单位为劳动者提供专业技术培训，双方约定的劳动者为用人单位必须服务的期间。

（一）双方协商解除劳动合同

用人单位与劳动者<u>协商一致</u>，可以解除劳动合同。

（二）劳动者单方解除劳动合同

预告解除	<u>劳动者提前30日以书面形式通知</u>用人单位，可以解除劳动合同。劳动者在试用期内提前3日通知用人单位，可以解除劳动合同
随时通知解除 （违约）	用人单位有下列情形之一的，劳动者可以解除劳动合同： （1）未按照劳动合同约定提供劳动保护或者劳动条件的 （2）未及时足额支付劳动报酬的 （3）未依法为劳动者缴纳社会保险费的 （4）用人单位的规章制度违反法律、法规的规定，损害劳动者权益的 （5）因欺诈、胁迫、乘人之危等情形致使劳动合同无效的 （6）其他
立即解除，不需要事先通知 （侵权）	用人单位以暴力、威胁或者非法限制人身自由的手段强迫劳动者劳动的，或者用人单位违章指挥、强令冒险作业危及劳动者人身安全的，劳动者可以立即解除劳动合同，不需要事先告知用人单位

（三）用人单位单方解除

劳动合同在劳动者享有单方解除权的同时，也赋予了用人单位的"单方解除权"，即具备法律规定的条件时，用人单位享有单方解除权，无须双方协商达成一致意见。但是，用人单位单方解除劳动合同，<u>应当事先将理由通知工会</u>。

1.过失性辞退（过错解除）

方式	原因（满足其一即可）
无严格的程序限制	（1）在试用期间被证明不符合录用条件的 （2）严重违反用人单位的规章制度的 （3）严重失职，营私舞弊，给用人单位造成重大损害的 （4）劳动者同时与其他用人单位建立劳动关系，对完成本单位的工作任务造成严重影响，或者经用人单位提出，拒不改正的 （5）因欺诈情形致使劳动合同无效的 （6）被依法追究刑事责任的

2.无过失性辞退①（用人单位须预告的解除）

方式	原因（满足其一即可）
用人单位提前30日书面通知或者额外支付1个月工资	（1）劳动者患病或者非因工负伤，在规定的医疗期满后不能从事原工作，也不能从事由用人单位另行安排的工作的 （2）劳动者不能胜任工作，经过培训或者调整工作岗位，仍不能胜任工作 （3）劳动合同订立时所依据的客观情况发生重大变化，致使劳动合同无法履行，经用人单位与劳动者协商，未能就变更劳动合同内容达成协议的

---

① 也叫作无过错解除。

3. 经济性裁员

原因	企业因为经营不善等经济性原因，**一次裁减 20 人以上或者裁减不足 20 人但占企业职工总数 10% 以上的劳动者**	用人单位**提前 30 日**向工会或者全体职工**说明**情况，**听取**工会或者职工的意见后，裁减人员方案经向劳动行政部门**报告**，可以裁减人员。 （1）依照企业破产法规定进行重整的 （2）生产经营发生严重困难的 （3）企业转产、重大技术革新或者经营方式调整，经变更劳动合同后，仍需裁减人员的 （4）其他因劳动合同订立时所依据的客观经济情况发生重大变化，致使劳动合同无法履行的
优先留用人员	（1）与本单位订立**较长期限**的固定期限劳动合同的 （2）与本单位订立**无固定期限**劳动合同的 （3）家庭无其他就业人员，有需要扶养的老人或者未成年人的	
限制	**在 6 个月内重新招用人员的**，应当通知被裁减的人员，并在同等条件下优先招用被裁减的人员	

4. 用人单位不得解除合同的情形（不影响过失性辞退）

劳动者有下列情形之一的，用人单位**不得依照无过失性辞退、经济性裁员的规定解除劳动合同**。

（1）从事接触职业病危害作业的劳动者未进行离岗前职业健康检查，或者疑似职业病病人在诊断或者医学观察期间的。

（2）在本单位患职业病或者因工负伤并被确认丧失或者部分丧失劳动能力的。

（3）患病或者非因工负伤，在规定的医疗期内的。

（4）女职工在孕期、产期、哺乳期的。

（5）在本单位连续工作满 15 年，且距法定退休年龄不足 5 年的。

（6）法律、行政法规规定的其他情形。

5. 违法解除的后果

（1）劳动者可要求继续履行劳动合同。

（2）劳动者不要求继续履行或者不能继续履行的，用人单位应当支付经济赔偿。

六、劳动合同的变更和无效

（一）劳动合同的变更

原则	1. 协商一致，可以变更劳动合同约定的内容 2. 应当采用书面形式
例外	未采用书面形式，应满足：协商一致变更，实际履行超过 1 个月，合同内容不违反法律、行政法规、公序良俗

（二）劳动合同的无效

情形	1. 以欺诈、胁迫的手段或者乘人之危，使对方在违背真实意思的情况下订立或者变更劳动合同的 2. 用人单位免除自己的法定责任、排除劳动者权利的 3. 违反法律、行政法规强制性规定的
后果	对劳动合同的无效或者部分无效有争议的，由劳动争议仲裁机构或者人民法院确认

七、用人单位经济补偿 ☆☆☆

（一）一般规定

补偿金的支付原则	除以下三种情形外，都应当有补偿： （1）劳动者**自愿主动离职** （2）劳动者因**过错**被解除劳动合同 （3）劳动合同期满，用人单位维持或者提高劳动合同约定条件续订劳动合同，劳动者不同意续订
经济补偿的计算	按劳动者工作年限：**满1年支付1个月工资，6个月到1年的支付1个月工资，不满6个月的，支付半个月工资**①
赔偿、补偿不并用	用人单位违反劳动合同法的规定解除或者终止劳动合同，依照劳动合同法规定支付赔偿金的，不再支付经济补偿
	用人单位有重大过错，迫使劳动者提出解除劳动合同的，用人单位应当支付劳动报酬和经济补偿，并根据用人单位过错支付赔偿金

（二）特殊情况

工作年限	1. 劳动者非因本人原因从原用人单位被安排到新用人单位工作的，劳动者在原用人单位的工作年限合并计算为新用人单位的工作年限 2. 原单位已经支付经济补偿的，新用人单位计算支付经济补偿（赔偿金）的工作年限时，不再计算原用人单位的工作年限 3. 原用人单位未支付经济补偿的，在计算支付经济补偿（赔偿金）的工作年限时，在原用人单位的工作年限合并计算为新用人单位的工作年限
工资标准	高于本地区上年度职工月平均工资3倍：经济补偿的标准按照月平均工资3倍支付，向劳动者支付经济补偿的年限最高不超过12年

八、集体合同

定义	集体合同是指企业职工一方与用人单位通过平等协商，就劳动报酬、工作时间、休息休假、劳动安全卫生、保险福利等事项订立的书面协议

---

① 经济补偿的月工资，按照劳动者应得工资计算，高于用人单位本地区上年度职工月平均工资3倍的，按照职工平均工资3倍的数额支付，向劳动者支付经济补偿金的年限最高不超过12年。

（续）

订立	集体合同由工会代表企业职工一方与用人单位订立，尚未建立工会的用人单位，由上级工会指导劳动者推举的代表与用人单位签订
默示生效	劳动行政部门自收到集体合同文本之日起 15 日内未提出异议的，集体合同即生效
效力	行业性、区域性集体劳动合同对当地本行业、本区域的用人单位和劳动者具有约束力
	劳动合同规定的劳动者的个人劳动条件和劳动标准不得低于集体合同的规定，否则无效（即集体合同的效力高于单个劳动合同的效力）

九、非全日制用工

非全日制用工，是指以小时计酬为主，劳动者在同一用人单位一般平均每日工作时间不超过 4 小时，每周工作时间累计不超过 24 小时的用工形式。

		非全日制	全日制
要件		以小时计酬为主，结算支付周期最长不超过 15 日	以月薪为主，按月结算
		每日工作不超过 4 小时	每日 8 小时
		每周工作时间累计不超过 24 小时	每周 40 小时
用工协议		可以签订书面协议，也可以订立口头协议	书面
		非全日制工劳动者可以订立多个劳动合同。但是，后订立的劳动合同不得影响先订立的劳动合同的履行	原则上不可以，如拒绝改正或对本单位工作造成严重影响，用人单位可以解除
特殊规则		禁止试用	原则上可以试用
		双方当事人任何一方都可以随时通知对方终止用工	不可以任意终止
		终止用工，用人单位不向劳动者支付经济补偿	大多数情况下有经济补偿

十、劳务派遣

劳务派遣，是指劳务派遣单位与劳动者订立劳动合同后，由劳务派遣单位与实际用工单位通过签订劳务派遣协议，将劳动者派遣到用工单位工作，用工单位实际使用劳动者，向劳务派遣单位支付管理费而形成的关系。

劳动合同用工是我国企业的基本用工形式，劳务派遣用工是补充形式。

劳务派遣只能在临时性[①]、辅助性[②]或者替代性[③]的工作岗位上实施。

　[①] 临时性岗位是指存续时间不超过 6 个月的岗位。

　[②] 辅助性岗位是指为主营业务岗位提供服务的非主营业务岗位。

　[③] 替代性岗位是指用工单位的劳动者因脱产学习、休假等原因无法工作的一定期间内，可以由其他劳动者替代工作的岗位。

```
                        用人单位

        劳动合同                  劳务派遣协议


        劳动者 ——————————— 用工单位
                   用工关系
```

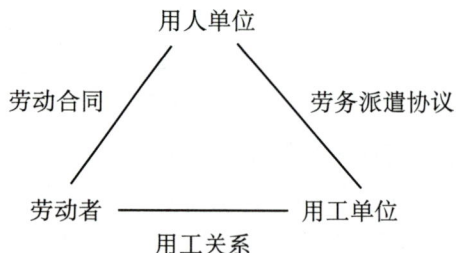

（一）劳务派遣单位

劳务派遣 单位	1.注册资本不得少于人民币 200 万元 2.经营劳务派遣业务，应当向劳动行政部门依法申请行政许可	
劳务派遣 单位与劳 动者	履行劳动法中用人单位的义务	
	2 年以上固 定期限劳动 合同	（1）由劳务派遣单位与劳动者订立 2 年以上的固定期限劳动合同，按月支付劳动报酬 （2）被派遣劳动者在无工作期间，劳务派遣单位应当按照所在地人民政府规定的最低工资标准，向其按月支付报酬
	禁止收费	劳务派遣单位不得向被派遣劳动者收取费用
	禁止自派遣	用人单位不得设立劳务派遣单位向本单位或者所属单位派遣劳动者
	告知义务	劳务派遣单位应当将劳务派遣协议的内容告知被派遣劳动者

（二）用工单位

禁止短期分割用工	用工单位不得将连续用工期限分割订立数个短期劳务派遣协议
禁止再派遣	用工单位不得将被派遣劳动者再派遣到其他用人单位
禁止收费	用工单位不得向被派遣劳动者收取费用
同工同酬	保证劳动者同工同酬的权利
控制数量	用工单位应当严格控制劳务派遣用工数量，不得超过其用工总量的一定比例（10%）

（三）劳务派遣纠纷

连带责任	用工单位给被派遣劳动者造成损害的，劳务派遣单位与用工单位承担连带赔偿责任
相应责任	劳务派遣期间，被派遣的劳动者因执行工作任务造成他人损害的，由接受劳务派遣的用工单位承担侵权责任；劳务派遣单位有过错的，承担相应的责任

（四）劳务派遣中劳动合同的解除

情形	处理
1.双方协商一致解除	用人单位提出解除，需要支付经济补偿金
2.劳动者提前 30 日以书面 形式通知；试用期内提前 3 日通知劳务派遣单位	（1）可以解除劳动合同；无经济补偿 （2）劳务派遣单位应当将被派遣劳动者通知解除劳动合同的情况及时通知用工单位

（续）

情形	处理
3. 用人单位有过错	劳动者可以解除；有经济补偿
4. 劳动者有过错（违法违规违纪）	（1）用工单位可以退工 （2）用人单位可以即时解除 （3）无经济补偿
5. 劳动者无过错，但生病、非因公负伤；不能胜任工作	（1）用工单位可以退工 （2）用人单位提前 30 日通知或者额外支付一个月工资 （3）有经济补偿
6. 用工单位有情势变更、裁员情形的 7. 用工单位被依法宣告破产、吊销营业执照、责令关闭、撤销、决定提前解散或者经营期限届满不再继续经营的 8. 劳务派遣协议期满终止的	（1）用工单位可以退工 （2）用人单位不可解除劳动合同 （3）被派遣劳动者退回后，在无工作期间 ① 劳务派遣单位应当按照不低于所在地人民政府规定的最低工资标准，向其按月支付报酬 ② 被用工单位退回，劳务派遣单位重新派遣时维持或者提高劳动合同约定条件，被派遣劳动者不同意的，劳务派遣单位可以解除劳动合同，但应当支付经济补偿 ③ 被用工单位退回，劳务派遣单位重新派遣时降低劳动合同约定条件，被派遣劳动者不同意的，劳务派遣单位不得解除劳动合同。但被派遣劳动者提出解除劳动合同的除外
9. 老弱病残孕 + 无过错：不得退工	

十一、工作时间、休假及加班加点的法律规定

（一）工作时间和休息休假

工作时间	标准工时制（= 8 小时）	劳动者每日工作 8 小时。每周至少休息一天（经批准实行其他标准）
休息休假	一般情况	在公休日、法定节假日期间应当安排劳动者休假
带薪年休假	劳动者连续工作 1 年以上的，享受带薪年休假	

（二）加班加点法律制度

概念	用人单位不得违反劳动法规定延长劳动者的工作时间
一般情况	1. 用人单位由于生产经营需要，经与工会和劳动者协商后可以延长工作时间，一般每日不得超过 1 小时 2. 因特殊原因需要延长工作时间的，在保障劳动者身体健康的条件下延长工作时间每日不得超过 3 小时，但是每月不得超过 36 小时

（续）

特殊情况	有下列情形之一的，延长工作时间不受一般情况下加班的限制： （1）发生自然灾害、事故或者因其他原因，威胁劳动者生命健康和财产安全，需要紧急处理的 （2）生产设备、交通运输线路、公共设施发生故障，影响生产和公众利益，必须及时抢修的 （3）法律、行政法规规定的其他情形
工资标准	有下列情形之一的，用人单位应当按照规定标准支付高于劳动者正常工作时间工资的工资报酬： （1）安排劳动者延长工作时间的，支付不低于工资的 150% 的工资报酬 （2）休息日安排劳动者工作又不能安排补休的，支付不低于工资的 200% 的工资报酬 （3）法定休假日安排劳动者工作的，支付不低于工资的 300% 的工资报酬

第二节　劳动争议调解仲裁法

一、劳动争议的认定

概念	劳动争议，是指劳动关系的双方当事人因执行劳动法律、法规或者履行劳动合同、集体合同发生的纠纷
下列纠纷不属于劳动争议	1. 劳动者请求社会保险经办机构发放社会保险金的纠纷 2. 劳动者对劳动能力鉴定委员会的伤残等级鉴定结论或者对职业病诊断鉴定委员会的职业病诊断鉴定结论的异议纠纷 3. 家庭或者个人与家政服务人员之间的纠纷 4. 个体工匠与帮工、学徒之间的纠纷 5. 农村承包经营户与受雇人之间的纠纷 6. 劳动者与用人单位因住房制度改革产生的公有住房转让纠纷

二、劳动争议的解决方式与处理程序

1. 发生劳动争议一般可以采取协商、调解、仲裁、诉讼等方式解决。
2. 欠薪，还可以向劳动行政部门投诉、申请支付令或先予执行。

（一）一般规定

管辖	仲裁	1. 劳动合同履行地或者用人单位所在地的劳动争议仲裁委员会管辖 2. 双方当事人分别向劳动合同履行地和用人单位所在地的劳动争议仲裁委员会申请仲裁的，由劳动合同履行地的劳动争议仲裁委员会管辖
	诉讼	1. 由用人单位所在地或者劳动合同履行地的基层法院管辖。劳动合同履行地不明确的，由用人单位所在地的基层人民法院管辖 2. 双方当事人就同一仲裁裁决，分别向有管辖权的人民法院起诉的，后受理的人民法院应当将案件移送给先受理的人民法院

（续）

举证责任	1. 当事人对自己提出的主张，有责任提供证据 2. 与争议事项有关的证据属于用人单位掌握管理的，用人单位应当提供；用人单位不提供的，应当承担不利后果 3. 因用人单位作出的开除、除名、辞退、解除劳动合同、减少劳动报酬、计算劳动者工作年限等决定而发生的劳动争议，用人单位负举证责任 4. 劳动者主张加班费的： （1）应当就加班事实的存在承担举证责任 （2）但劳动者有证据证明用人单位掌握加班事实存在的证据，用人单位不提供的，由用人单位承担不利后果

（二）劳动仲裁

<u>仲裁是劳动争议案件处理必经的法律程序</u>。

1. 仲裁时效与先行调解

仲裁时效	（1）自当事人知道或者应当知道其权利被侵害之日起 1 年内向劳动争议仲裁委员会提出书面申请 （2）劳动关系存续期间因拖欠劳动报酬发生争议的，劳动者申请仲裁不受 1 年仲裁时效期间的限制 （3）劳动关系终止的，应当自劳动关系终止之日起 1 年内提出
先行调解	（1）仲裁庭在作出裁决前，应当先行调解，调解达成协议的，仲裁庭应当制作调解书 （2）调解书应当写明仲裁请求和当事人协议的结果。调解书由仲裁员签名，加盖劳动争议仲裁委员会印章，送达双方当事人。（当庭调解） （3）调解书经双方当事人签收后，发生法律效力。调解不成或者调解书送达前，一方当事人反悔的，仲裁庭应当及时作出裁决

2. 一裁终局事项

劳动争议案件，除一裁终局事项以外，其他均为先裁再诉事项。

事项	小额纠纷	追索劳动报酬、工伤医疗费、经济补偿或者赔偿金，不超过当地月最低工资标准 12 个月金额的争议
	劳动标准争议	因执行国家的劳动标准在工作时间、休息休假、社会保险等方面发生的争议
效力	仲裁裁决为终局裁决，裁决书自作出之日起发生法律效力	

（续）

救济	劳动者不服	劳动者对一裁终局事项的仲裁裁决不服的，可以自收到仲裁裁决书之日起15日内向人民法院提起诉讼（**片面一裁终局**）
	用人单位不服	（1）用人单位有证据证明一裁终局的仲裁裁决"确有错误"[①]，可以自收到仲裁裁决书之日起30日内向劳动争议仲裁委员会所在地的中级人民法院申请撤销裁决 （2）仲裁裁决被人民法院裁定撤销的，当事人可以自收到裁定书之日起15日内就该劳动争议事项向人民法院提起诉讼
	劳动者申请执行	劳动者向法院申请执行，用人单位向劳动争议仲裁机构所在地的中级人民法院申请撤销的：**法院应当裁定中止执行**
	双方均不服	劳动者依法向基层法院提起诉讼，用人单位依法向中级人民法院申请撤销仲裁裁决的： （1）中级人民法院应当不予受理；已经受理的，应当裁定驳回申请 （2）劳动者被驳回起诉或者劳动者撤诉的，用人单位可以自收到裁定书之日起30日内，向劳动争议仲裁机构所在地的中级人民法院申请撤销仲裁裁决。中级人民法院作出的驳回申请或者撤销仲裁裁决的裁定为终审裁定 （3）仲裁裁决被法院裁定撤销的，当事人可以自收到裁定书之日起15日内就该劳动争议事项向法院提起诉讼

3. 诉讼

原则	**仲裁前置，不经过劳动争议仲裁，法院不直接接受劳动争议纠纷**
法院应当受理的情况	（1）劳动争议仲裁机构不予受理或者逾期未作出决定的，申请人可提起诉讼 （2）劳动争议仲裁机构逾期未作出仲裁裁决的，可起诉 （3）对仲裁裁决不服的，除本法另有规定的外，可起诉 （4）仲裁裁决被法院裁定撤销的，可起诉
法院不予受理的情况	（1）仲裁的事项不属于法院受理的案件范围，法院不予受理；已经受理的，裁定驳回起诉 （2）当事人不服劳动争议仲裁机构作出的预先支付劳动者劳动报酬、工伤医疗费、经济补偿或者赔偿金的裁决，依法提起诉讼的，法院不予受理 （3）劳动争议仲裁机构作出的调解书已经发生法律效力，一方当事人反悔提起诉讼的，法院不予受理；已经受理的，裁定驳回起诉

---

① 用人单位有证据证明一裁终局的仲裁裁决有下列情形之一，可以自收到仲裁裁决书之日起30日内向劳动争议仲裁委员会所在地的中级人民法院申请撤销裁决。

第一，适用法律、法规确有错误的；

第二，劳动争议仲裁委员会无管辖权的；

第三，违反法定程序的；

第四，裁决所根据的证据是伪造的；

第五，对方当事人隐瞒了足以影响公正裁决的证据的；

第六，仲裁员在仲裁该案时有索贿受贿、徇私舞弊、枉法裁决行为的。

（续）

特殊情形	（1）劳动者可以持调解协议书向法院申请支付令。上述支付令被法院裁定终结督促程序后，劳动者可以依据调解协议直接向法院提起诉讼 （2）劳动者以用人单位的工资欠条为证据直接提起诉讼，诉讼请求不涉及劳动关系其他争议的，视为拖欠劳动报酬争议，法院按照普通民事纠纷受理 （3）当事人在调解组织主持下仅就劳动报酬争议达成调解协议，用人单位不履行调解协议确定的给付义务，劳动者直接提起诉讼的，法院可以按照普通民事纠纷受理

第二章　社会保障法

第一节　社会保险法

一、基本养老保险☆

养老保险体系	基本养老保险，是保障公民在年老时从国家和社会获得物质帮助的权利。基本养老保险基金由用人单位和个人缴费以及政府补贴等组成（单位＋个人＋政府）
保险费缴纳	1. 用人单位的缴费基数→总工资。用人单位应当按照国家规定的本单位职工工资总额的比例缴纳基本养老保险费，记入基本养老保险统筹基金 2. 职工的缴费基数→本人工资。职工应当按照国家规定的本人工资的比例缴纳基本养老保险费，记入个人账户
个人账户不得提前支取	个人账户不得提前支取，记账利率不得低于银行定期存款利率，免征利息税。个人死亡的，个人账户余额可以继承
基本养老保险金	基本养老金由统筹养老金和个人账户养老金组成 1. 个人领取养老金的条件：法定退休年龄、累计15年 2. 个人跨统筹地区就业的，其基本养老保险关系随本人转移，缴费年限累计计算。个人达到法定退休年龄时，基本养老金分段计算、统一支付

二、工伤保险☆ ☆

（一）缴费及工伤认定

对象	在职员工
保费	用人单位缴纳，职工不缴纳

（续）

工伤认定	认定为工伤	职工有下列情形之一的，应认定为工伤： （1）在工作时间和工作场所内，因工作原因受到事故伤害的 （2）工作时间前后在工作场所内，从事与工作有关的预备性或者收尾性工作受到事故伤害的 （3）在工作时间和工作场所内，因履行工作职责受到暴力等意外伤害的 （4）患职业病的 （5）因工外出期间，由于工作原因受到伤害或者发生事故下落不明的 （6）在上下班途中，受到非本人主要责任的交通事故或者城市轨道交通、客运轮渡、火车事故伤害的 （7）法律、行政法规规定应当认定为工伤的其他情形
工伤认定	视同工伤	职工有下列情形之一的，视同工伤： （1）在工作时间和工作岗位，突发疾病死亡或者在48小时之内经抢救无效死亡的 （2）在抢险救灾等维护国家利益、公共利益活动中受到伤害的 （3）职工原在军队服役，因战、因公负伤致残，已取得革命伤残军人证，到用人单位后旧伤复发的
不视为工伤		职工有下列情形之一导致本人在工作中伤亡的，不认定为工伤： （1）故意犯罪的 （2）醉酒或者吸毒的 （3）自残或者自杀的

（二）工伤保险待遇支付

1. **未参保单位**：职工所在用人单位未依法缴纳工伤保险费，发生工伤事故的，由用人单位支付工伤保险待遇。用人单位不支付的，从工伤保险基金中先行支付，再按照规定进行追偿。

2. **参保单位**：职工所在用人单位依法缴纳工伤保险费，发生工伤事故的，由工伤保险基金与用人单位按照下述规则支付工伤保险待遇。

工伤保险基金支付	因工伤发生的下列费用，按国家规定从工伤保险基金中支付： （1）治疗工伤的医疗费用和康复费用 （2）住院伙食补助费 （3）到统筹地区以外就医的交通食宿费 （4）安装配置伤残辅助器具所需费用 （5）生活不能自理的，经劳动能力鉴定委员会确认的生活护理费 （6）一次性伤残补助金和一至四级伤残职工按月领取的伤残津贴 （7）终止或者解除劳动合同时，应当享受的一次性医疗补助金 （8）因工死亡的，其遗属领取的丧葬补助金、供养亲属抚恤金和因工死亡补助金 （9）劳动能力鉴定费
用人单位支付	因工伤发生的下列费用，按照国家规定由用人单位支付： （1）治疗工伤期间的工资福利 （2）五级、六级伤残职工按月领取的伤残津贴 （3）终止或者解除劳动合同时，应当享受的一次性伤残就业补助金

（续）

支付的变更和停止	工伤职工有下列情形之一的，停止享受工伤保险待遇： （1）丧失享受待遇条件的 （2）拒不接受劳动能力鉴定的 （3）拒绝治疗的

（三）民事侵权与工伤保险责任竞合

一般规则	职工因第三人的原因导致的工伤，侵权损害赔偿与工伤保险待遇可以同时获得，但医疗费用只有一份
先行支付	由于第三人的原因造成工伤，第三人不支付工伤医疗费用或者无法确定第三人的，由工伤保险基金先行支付。工伤保险基金先行支付后，有权向第三人追偿

三、基本医疗保险与生育保险

（一）基本医疗保险 ☆

保费缴纳	1. 在职员工，用人单位和职工按照国家规定共同缴纳基本医疗保险费 2. 无单位人员，由个人按照国家规定缴纳基本医疗保险费 3. 参加职工基本医疗保险的个人，达到法定退休年龄时累计缴费达到国家规定年限的，退休后不再缴纳基本医疗保险费，按照国家规定享受基本医疗保险待遇；未达到国家规定年限的，可以缴费至国家规定年限
保险待遇	1. 符合基本医疗保险药品目录、诊疗项目、医疗服务设施标准；以及急诊、抢救的医疗费用，按照国家规定从基本医疗保险基金中支付
	2. 下列医疗费用不纳入医保基金支付范围： （1）应当从工伤保险基金中支付的 （2）应当由第三人负担的 （3）应当由公共卫生负担的 （4）在境外就医的
	3. 医疗费用应当由第三人负担的，第三人不支付或无法确认第三人的，由基本医疗保险基金先行支付，支付后，有权向第三人追偿
转移	个人跨统筹地区就业的，其基本医疗保险关系随本人转移，缴费年限累计计算

（二）生育保险

对象	在职员工
缴费	用人单位

（续）

生育保险待遇	用人单位已经缴纳生育保险费的，其职工享受生育保险待遇；职工未就业配偶按照国家规定享受生育医疗费用待遇，所需资金从生育保险基金中支付	
	生育医疗费用	（1）生育的医疗费用 （2）计划生育的医疗费用 （3）法律、法规规定的其他项目费用
	生育津贴	职工有下列情形之一的，可以按照国家规定享受生育津贴： （1）女职工生育享受产假 （2）享受计划生育手术休假 （3）法律、法规规定的其他情形 生育津贴按照职工所在用人单位上年度职工月平均工资计发

四、失业保险

对象	在职员工
保费☆	单位和员工共同缴纳
失业保险待遇	失业人员符合下列条件的，从失业保险基金中领取失业保险金： （1）失业前用人单位和本人已经缴纳失业保险费满一年的 （2）非因本人意愿中断就业的 （3）已经进行失业登记，并有求职要求的
停止领取	失业人员在领取失业保险金期间有下列情形之一的，停止领取失业保险金，并同时停止享受其他失业保险待遇： （1）重新就业的 （2）应征服兵役的 （3）移居境外的 （4）享受基本养老保险待遇的 （5）无正当理由，拒不接受当地人民政府指定部门或者机构介绍的适当工作或者提供的培训的

五、社会保险待遇的衔接

医疗—养老	参加职工基本医疗保险的个人，达到法定退休年龄时累计缴费达到国家规定年限的，退休后不再缴纳基本医疗保险费，按照国家规定享受基本医疗保险待遇
失业—医疗	1. 失业人员在领取失业保险金期间，参加职工基本医疗保险，享受基本医疗保险待遇 2. 失业人员应当缴纳的基本医疗保险费从失业保险基金中支付，个人不缴纳基本医疗保险费 3. 享受基本养老保险待遇的，停止享受失业保险待遇
工伤—养老	1. 工伤职工符合领取基本养老金条件的，停发伤残津贴，享受基本养老保险待遇 2. 基本养老保险待遇低于伤残津贴的，从工伤保险基金中补足差额 3. 在未达到法定退休年龄时，因病或者非因工致残完全丧失劳动能力的，可以领取病残津贴，所需资金从基本养老保险基金中支付

第二节　军人保险法

军人伤亡保险	保费缴纳	军人伤亡保险所需资金由国家承担，个人不缴纳保险费
	保险待遇→在役	1. 军人因战、因公死亡的，给付军人死亡保险金 2. 军人因战、因公、因病致残的，给付军人残疾保险金
	保险待遇→退役	因战、因公致残的军人退出现役后旧伤复发的，依法享受相应的工伤待遇
	除外条款（满足其一即可）	1. 故意犯罪的 2. 醉酒或者吸毒的 3. 自残或者自杀的 4. 其他
退役养老保险		1. 军人退出现役参加基本养老保险的，国家给予退役养老保险补助 2. 军人退役后参加基本养老保险的，由军队后勤（联勤）机关财务部门将军人退役养老保险关系和相应资金转入地方社会保险经办机构 3. 军人服现役年限与入伍前和退出现役后参加职工基本养老保险的缴费年限合并计算
退役医疗保险	1. 保费缴纳	（1）军官、文职干部、士官缴纳军人退役医疗保险费，国家同等数额给予补助 （2）义务兵、供给制学员不缴纳保险费，国家按照规定的标准给予军人退役医疗保险补助
	2. 军人退役后参加职工基本医疗保险的，由军队后勤（联勤）机关财务部门将军人退役医疗保险关系和相应资金转入地方社会保险经办机构 3. 军人服现役年限视同职工基本医疗保险缴费年限，与入伍前和退出现役后参加职工基本医疗保险的缴费年限合并计算 4. 军人服役期间，享受免费医疗待遇，在军队期间医疗保险个人账户资金只累积不消费	
随军未就业的军人配偶保险		1. 国家为随军未就业的军人配偶建立养老保险、医疗保险等 2. 随军未就业的军人配偶参加保险，应当缴纳养老保险费和医疗保险费，国家给予相应的补助 3. 军人配偶在随军未就业期间的养老保险、医疗保险缴费年限与其在地方参加职工基本养老保险、职工基本医疗保险的缴费年限合并计算 4. 随军未就业的军人配偶无正当理由拒不接受当地人民政府就业安置，或者无正当理由拒不接受当地人民政府指定部门、机构介绍的适当工作、提供的就业培训的，停止给予保险缴费补助

第五部分　知识产权法

第一章　著作权法

第一节　著作权

一、作品概述

概念	作品，是指文学、艺术和科学领域内具有独创性并能以一定形式表现的智力成果
不受著作权保护的对象①	1. 思想：广义的思想，包括概念、原则、发现、创意、程序、方法等 2. 操作方法、技术方案和实用功能 3. 事实及对事实无独创性的汇编（单纯的事实消息） 4. 官方正式文件（法律、法规，国家机关的决议、决定、命令和其他具有立法、行政、司法性质的文件，及其官方正式译文） 5. 竞技体育活动 6. 公有领域的作品（历法、通用数表、通用表格和公式）
作品类型	文字作品；口述作品；音乐、戏剧、曲艺、舞蹈、杂技艺术作品；美术、建筑作品；摄影作品；视听作品；图形作品和模型作品；计算机软件；符合作品特征的其他智力成果

二、著作权主体

（一）一般规则

1. 著作权属于作者，法律另有规定的除外	
2. 作者的认定	（1）创作作品的自然人是作者 （2）为他人创作进行组织工作，提供咨询意见、物质条件或者进行其他辅助工作，均不视为创作 （3）著作权自动保护原则，著作权自作品创作完成之日起产生，不以"发表"为前提

---

① 注意：国家对作品的出版、传播进行监督管理，因此违禁作品是作品，只是禁止出版传播。违禁作品受到侵害，相关著作权人可以要求停止侵害、排除妨碍，但是不得要求损害赔偿。

（续）

3. 外国人和无国籍人作品受到著作权法保护（满足其一即可）	（1）外国人、无国籍人的作品根据其作者所属国或者经常居住地国同中国签订的协议或者共同参加的国际条约享有著作权的
	（2）外国人、无国籍人的作品首先在中国境内出版的
	（3）未与中国签订协议或者共同参加国际条约的国家的作者以及无国籍人的作品首次在中国参加的国际条约的成员国出版的，或者在成员国和非成员国同时出版的

（二）特殊规则

1. 单位作品

由法人或者非法人组织主持，代表法人或者非法人组织意志创作，并由法人或者非法人组织承担责任的作品，法人或者非法人组织视为作者。

2. 职务作品

概念	自然人为完成法人或者非法人组织工作任务所创作的作品是职务作品
一般职务作品	（1）著作权由作者享有，但法人或者非法人组织有权在其业务范围内优先使用 （2）作品完成2年内，未经单位同意，作者不得许可第三人以与单位使用的相同方式使用该作品

特殊职务作品	类型	（1）主要是利用单位物质技术条件创作，并由单位承担责任的工程设计图、产品设计图、地图、示意图、计算机软件等职务作品 （2）报社、期刊社、通讯社、广播电台、电视台的工作人员创作的职务作品
	权利归属	作者享有署名权（构成单位作品的除外），著作权的其他权利由法人或者非法人组织享有

3. 演绎作品

概念	改编、翻译、注释、整理已有作品而产生的作品
权利归属	演绎作品的著作权由改编、翻译、注释、整理人享有，但行使著作权时不得侵犯原作品的著作权
特殊规则	第三人使用演绎作品时须经演绎作品以及原作品著作权人同意，并支付报酬 侵权演绎作品依然受到著作权法保护

4. 合作作品

概念	两人以上合作创作的作品（2人以上＋具有共同创作的合意＋合作作者均参与了共同的创作活动）
权利归属	合作作品，著作权由合作作者共同享有	
	可分割的合作作品	（1）作者对各自创作的部分可以单独享有著作权 （2）但行使著作权时不得侵犯合作作品整体的著作权
	不可分割的合作作品	协商一致行使；不能协商一致，又无正当理由的： （1）任何一方不得阻止他方行使除转让、许可他人专有使用、出质以外的其他权利 （2）但是所得收益应当合理分配给所有合作作者

5. 委托作品

概念		是指作者接受他人委托而创作的作品
权利归属	一般规则	有约定的，按约定
		（1）无约定的，著作权属于受托人 （2）著作权属于受托人的，委托人享有的权利： ①在约定的使用范围内使用该作品 ②没有约定使用范围的，有权在委托创作的特定目的范围内免费使用该作品
权利归属	特殊规则	自传体作品：当事人合意，以特定人物经历为题材完成的自传体作品。 （1）有约定依约定；无约定的，著作权归该特定人物享有 （2）执笔人或整理人可以要求获得适当报酬
		由他人执笔，本人审阅定稿并以本人名义发表的报告、讲话等作品： （1）著作权归报告人或者讲话人享有 （2）执笔人可获得适当的报酬

6. 视听作品

概念		是指电影作品和以类似摄制电影的方法创作的作品
权利归属	电影、电视剧	（1）著作权由制作者享有 （2）编剧、导演、摄影、作词、作曲等作者享有署名权，并有权按照与制作者签订的合同获得报酬
	其他视听作品	（1）著作权归属由当事人约定 （2）没有约定或者约定不明确的，由制作者享有，但作者享有署名权和获得报酬的权利
		视听作品中的剧本、音乐等可以单独使用的作品的作者有权单独行使其著作权
注意		（1）视听作品是"特殊演绎作品" ①利用视听作品本身的权利，即以不将视听作品改编成其他文艺形式的方式利用，完全属于制片者，无须经过原作品著作权人的许可 ②将视听作品改编成其他文艺形式，应适用"双重权利、双重许可"规则，应经原作品著作权人和视听作品著作权人的许可 （2）视听作品是"特殊合作作品" 视听作品被视为特殊的合作作品，普通合作作品著作权归属与行使的规则，对视听作品不再适用

7. 汇编作品

概念	汇编若干作品、作品的片段或者不构成作品的数据或者其他材料，对其内容的选择或者编排体现独创性的作品，为汇编作品
权利归属	其著作权由汇编人享有，但行使著作权时，不得侵犯原作品的著作权

8. 原件所有权转移的作品的著作权归属

（1）作品原件所有权的转移，不改变作品著作权的归属，但美术、摄影作品原件的展览权由原件所有人享有。

（2）作者将未发表的美术、摄影作品的原件所有权转让给他人，受让人展览该原件不构成对作者发表权的侵犯。

9. 匿名作品（孤儿作品）

（1）作者身份不明的作品，由作品"原件的所有人"行使"除署名权以外"的著作权。

（2）作者身份确定后，由作者或者其继承人行使著作权。

三、著作权的内容

（一）著作人身权

著作人身权具有专属性，原则上不得转让与继承，包括署名权、发表权、修改权、保护作品完整权。

1. 发表权

概念	即决定作品是否公之于众的权利
特征	（1）公之于众，但不要求公众知晓 （2）须著作权人自行或者许可他人公之于众 （3）发表权"一次用尽"
推定著作权人许可他人行使其发表权的情形	（1）将未发表的美术作品或摄影作品的原件转让 （2）同意将未发表的作品摄制成电影（其他利用方式亦同） （3）将未发表之作品的著作权财产权转让
遗作的发表权归属	作者生前未发表的作品，如果作者未明确表示不发表，作者死亡后50年内，其发表权可由继承人或者受遗赠人行使；没有继承人又无人受遗赠的，由作品原件的所有人行使

2. 署名权

（1）署名权的内容：是否署名、署什么名、署名顺序。

（2）作者有权禁止未参加创作的人在作品上署名。

（3）对基于原作品而产生的演绎作品，原作品的作者仍然享有署名权。

（4）制作、出售假冒他人署名的作品的，构成对他人姓名权的侵犯，不构成对署名权的侵犯。

3. 修改权与保护作品完整权

概念	保护作品不受歪曲、篡改的权利
以下行为不视为侵权	（1）报社、期刊社可以不经作者同意对作品作"文字性"修改、删节，但对"内容"的修改，应当经作者许可 （2）图书出版者未经作者"许可"，不能对作品进行修改、删节 （3）著作权人许可他人将作品摄制成电影和电视剧的，视为已同意对其作品进行必要的改动，但这种改动不得歪曲篡改原作品

（二）著作财产权

1. 复制权

概念	以印刷、复印、拓印、录音、录像、翻录、翻拍、数字化等方式将作品制作一份或者多份的权利

（续）

"复制行为"的构成	（1）在有形物质载体上再现作品
	（2）作品须相对稳定和持久地固定在物质载体上

2. 发行权

概念	即以出售或者赠与方式向公众提供作品的原件或者复制件的权利
构成	（1）提供作品的对象是公众 （2）方式为销售或者赠与 （3）须有作品载体（原件或复制件）所有权的移转
发行权一次用尽（首次销售原则）	经著作权人许可，向公众出售或者赠与作品的原件或复制件后，该特定原件或复制件上的发行权消灭，他人向公众的再销售、再赠与的行为不侵犯发行权 【记忆：对正版作品的再发行，不构成侵权】

3. 出租权

概念	有偿许可他人临时使用视听作品、计算机软件的原件或者复制件的权利，计算机软件不是出租的主要标的的除外
权利主体	（1）视听作品的著作权人 （2）计算机软件的著作权人（计算机软件不是出租的主要标的的除外）

4. 传播权

在著作财产权体系中，有一类权利被称为"传播权"，它控制的是以不转移作品有形载体所有权或占有的方式向公众传播作品，使公众获得作品（主要是体现为欣赏作品的内容）的行为。传播权的体系如下：

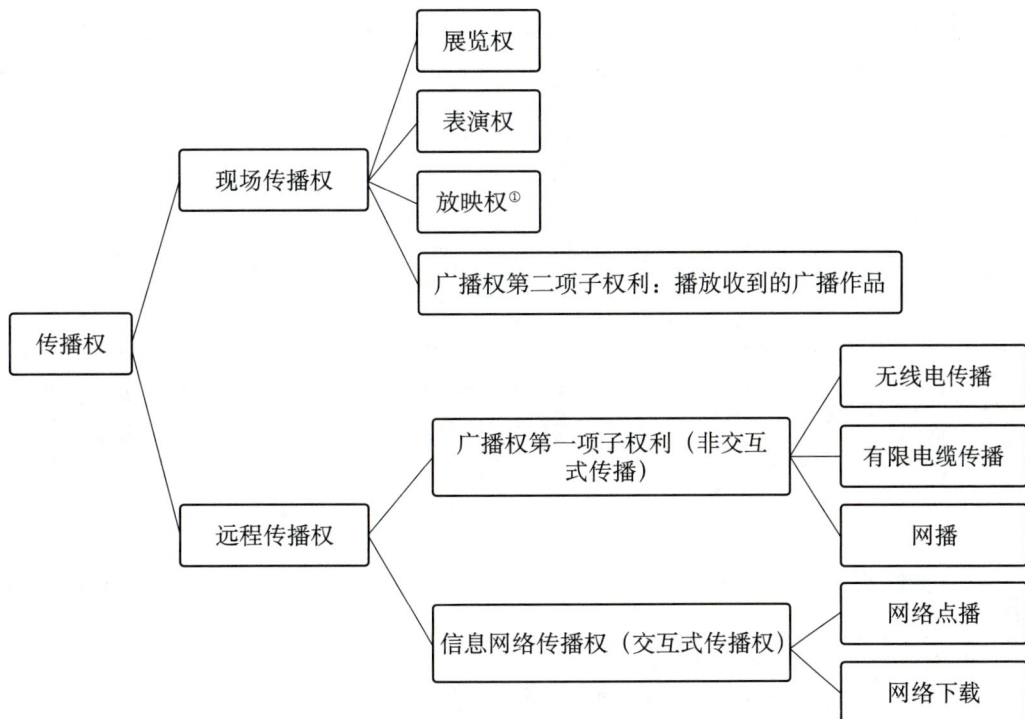

（1）表演权

概念	表演权是公开表演作品以及用各种手段公开播送作品的表演的权利
表演权控制的行为	① 公开的活表演，是指面向公众现场表演作品
	② 公开的机械表演，是指通过技术设备向公众播送对作品的表演
表演权不能控制的两种行为	① 非公开表演，包括非公开的现场表演和非公开的机械表演
	② 免费的公开表演，免费的公开表演属于合理使用 免费表演，指双向免费，既不向观众收取费用，也不向表演者支付报酬

（2）广播权

广播权，即以有线或者无线方式公开传播或者转播作品，以及通过扩音器或者其他传送符号、声音、图像的类似工具向公众传播广播的作品的权利，但不包括信息网络传播权。

行为	非交互式初始传播（远程传播）	转播（远程传播）	公开播放接收到的经初始传播的作品（现场传播）
法条	以有线或者无线方式公开传播（广播/网播）	以有线或者无线的方式公开转播他人（广播）的作品	通过扩音器或者其他传送符号、声音、图像的类似工具向公众传播广播的作品
权利主体	① 一般著作权人享有广播权，但受到广播电台、电视台法定许可权的限制 ② 视听作品的著作权人享有广播权，且不受广播电台、电视台法定许可的限制		

---

① 在我国，放映权，即通过放映机、幻灯机等技术设备公开再现美术、摄影、视听作品等的权利。

（3）信息网络传播权

概念	信息网络传播权，即以有线或者无线方式向公众提供作品，**使公众可以在其个人选定的时间和地点获得作品的权利**
侵犯信息网络传播权的责任承担	**网络用户**：内容提供者承担侵犯信息网络传播权的责任
	网络服务提供者：① 无监控义务 ② 受到"避风港原则"的保护，即《民法典》第 1195 ～ 1196 条 ③ 受到"红旗飘飘原则"的限制，即《民法典》第 1197 条
有关"浅层链接"的规制	① "浅层链接"不构成侵权（用户在点击链接后会离开设链网站，而进入被链接的网站）。但在提供搜索或者链接服务时，如果明知或者应知所链接的作品、表演、录音录像制品侵权的，**应当承担共同侵权责任** ② 网络服务提供者，符合"避风港原则"的，不构成侵权（参见《民法典》第 1195 ～ 1196 条）

四、著作权的保护期限

署名权修改权保护作品完整权		1. 保护期不受限制 2. 著作权人死亡后，由其继承人、受遗赠人保护（注意不是"享有"） 3. 无人继承又无人受遗赠的，由著作权行政管理部门保护
发表权、著作财产权	自然人享有著作权的作品	（1）保护期为作者终生及其死亡后 50 年，**截止于作者死亡后**第 50 年的 12 月 31 日 （2）合作作品截止于最后死亡的合作作者死亡后第 50 年的 12 月 31 日
	法人或其他组织享有著作权的作品、视听作品	（1）发表权的保护期为 50 年，截止于**作品创作完成后**第 50 年的 12 月 31 日 （2）著作财产权的保护期为 50 年，截止于**作品首次发表后**第 50 年的 12 月 31 日；但作品自创作完成后 50 年内未发表的，不再保护
	匿名作品	（1）保护期截止于作品**首次发表后**第 50 年的 12 月 31 日 （2）作者身份确定后，适用著作权法的一般规定

第二节 邻接权

邻接权，是指作品传播者对作品传播过程中产生的劳动成果依法享有的专有权利，又称为作品传播者权或与著作权有关的权益。在我国著作权法中，特指表演者对其表演活动、录音录像制作者对其制作的录音录像、广播组织对其播出的广播信号以及出版者对其版式设计所享有的专有权利。相对于狭义的著作权，邻接权保护的客体不同，法律保护水平也相对较低。

一、表演者权

（一）主体

一般表演	表演者	
职务表演	概念	演员为完成本演出单位的演出任务进行的表演为职务表演
	表演者的权利	表明身份的权利 保护表演形象不受歪曲的权利
	其他权利归属	（1）约定优先，职务表演的权利由演出单位享有 （2）职务表演的权利由演员享有的，演出单位可以在其业务范围内免费使用该表演

（二）客体

表演者权的客体是对作品的表演活动。表演者对同一作品的"每一次表演"均分别享有表演者权。

（三）权利内容[①]

权利内容		保护期
1. 表明表演者身份		保护期不受限制
2. 保护表演形象不受歪曲		
3. 对"现场表演"的广播权（现场直播权）	许可他人从现场直播和公开传送其现场表演，并获得报酬	50年，截止于该表演发生后第50年的12月31日
4. 首次固定权（首次录制权）	许可他人录音录像，并获得报酬	
5. 复制权、发行权、出租权	许可他人复制、发行、出租录有其表演的录音录像制品，并获得报酬	
6. 信息网络传播权	许可他人通过信息网络向公众传播其表演，并获得报酬	

（四）表演者的义务

1. 表演者公开表演他人作品的，应当取得著作权人许可，并支付报酬。

2. 表演者公开表演演绎作品的，应当取得演绎作品和原作品著作权人的许可，并支付报酬。

3. 表演者不得侵犯著作权人的署名权、修改权、保护作品完整权和获得报酬权。

（五）表演权与表演者权的区别

权利主体不同	表演权由著作权人享有；表演者权由作品的表演者享有

---

① 被许可人以下列第3项至第6项规定的方式使用作品，还应当取得著作权人许可，并支付报酬。被许可人包括录音录像制作者、复制发行者、信息网络传播者。

（续）

权利客体不同	表演权的客体是作品；表演者权的客体是对作品的表演活动
权利性质不同	表演权为财产权；表演者权包括六项权能，既有人身权，也有财产权
保护期限不同	自然人的作品，其表演权的保护期限截止到作者死亡后第 50 年的 12 月 31 日；表演者权的保护期限截止到该表演发生后第 50 年的 12 月 31 日

二、录音录像制作者权

（一）主体

录音录像制作者权的主体是录音制作者和录像制作者，指首次制作录音、录像制品的人。

（二）客体

录音录像制作者权的客体是录音制品和录像制品。

1. 录音制品，指任何对表演的声音或者其他声音的录制品。

2. 录像制品，指视听作品"以外"的任何有伴音或者无伴音的连续相关形象、图像的录制品。

（三）权利内容

录音制品制作者	（1）复制权；（2）发行权；（3）出租权；（4）信息网络传播权；（5）传播录音制品获酬权，即将录音制品用于无线或者有线播放，或者通过传送声音的技术设备向公众传播的，应当向录音制作者支付报酬
录像制作者	（1）复制权；（2）发行权；（3）出租权；（4）信息网络传播权；（5）许可电视台播放权（即广播权）

（四）义务

1. 使用他人作品制作录音录像制品，应当取得著作权人的许可，并支付报酬。

2. 使用演绎作品制作录音录像制品，应取得演绎作品和原作品著作权人的许可，并支付报酬。

3. 对表演活动制作录音录像制品，应取得表演者许可，并支付报酬。

4. 不得侵犯作者的署名权、修改权、保护作品完整权和获得报酬权。

5. 不得侵犯表演者表明身份的权利、保护表演形象不受歪曲的权利。

（五）保护期

录音录像制作者权的保护期为 50 年，截止于该制品"首次制作完成后"第 50 年的 12 月 31 日。

三、广播组织者权

（一）主体

广播组织者权的主体是广播电台、电视台。

（二）客体

1. 广播组织者权的客体是广播组织播放的<u>节目"信号"</u>。
2. "广播组织者权的客体"和"广播组织播放的节目"是不同的。

（三）权利内容

转播权	广播电台、电视台有权禁止未经其许可将其播放的广播、电视节目信号以有线或者无线方式转播
录制、复制权	广播电台、电视台有权禁止未经其许可将其播放的广播、电视节目信号录制在音像载体上以及复制其播放的节目信号
信息网络传播权	广播电台、电视台有权禁止未经其许可将其播放的广播、电视节目信号通过信息网络向公众传播

（四）保护期

广播组织者权的保护期为 50 年，截止于该广播、电视首次播放后第 50 年的 12 月 31 日。

四、版式设计权

《著作权法》第 37 条规定，出版者有权许可或者禁止他人使用其出版的图书、期刊的版式设计。

前款规定的权利的保护期为 10 年，截止于使用该版式设计的图书、期刊首次出版后第 10 年的 12 月 31 日。

五、著作权和邻接权汇总对比表

权利 / 权利主体	著作权人	表演者	录音录像制作者	广播组织者
发表权	√			
署名权	√	表明表演者身份		
修改权与保护作品完整权	√	保护表演形象不受歪曲		
复制权	√	首次固定权	√	录制、复制权
发行权	√	√	√	
出租权	仅限于计算机软件作品 / 视听作品	√	√	

（续）

表演权	√		"机械表演"录音制作者"二次获酬权"	
广播权	√	对"现场表演"的广播权	录像制作者、录音制作者"二次获酬权"	转播
信息网络传播权	√	√	√	√

第三节　对著作权、邻接权的限制

一、合理使用

在下列情况下使用作品，可以不经著作权人许可，不向其支付报酬，但应当指明作者姓名或者名称、作品名称，并且不得影响该作品的正常使用，也不得不合理地损害著作权人的合法权益。

1.【个人使用】为个人学习、研究或者欣赏，使用他人已经发表的作品。

2.【适当引用】为介绍、评论某一作品或者说明某一问题，在作品中适当引用他人已经发表的作品。

3.【新闻报道中的使用】为报道新闻，在报纸、期刊、广播电台、电视台等媒体中不可避免地再现或者引用已经发表的作品。

4.【对时事性文章的使用】报纸、期刊、广播电台、电视台等媒体刊登或者播放其他报纸、期刊、广播电台、电视台等媒体已经发表的关于政治、经济、宗教问题的时事性文章，但著作权人声明不许刊登、播放的除外。

5.【对公众集会上讲话的使用】报纸、期刊、广播电台、电视台等媒体刊登或者播放在公众集会上发表的讲话，但作者声明不许刊登、播放的除外。

6.【在课堂教学和科研中使用】为学校课堂教学或者科学研究，翻译、改编、汇编、播放或者少量复制已经发表的作品，供教学或者科研人员使用，但不得出版发行。

7.【国家机关公务性使用】国家机关为执行公务在合理范围内使用已经发表的作品。

8.【图书馆等对馆藏作品的特定复制和传播】图书馆、档案馆、纪念馆、博物馆、美术馆、文化馆等为陈列或者保存版本的需要，复制本馆收藏的作品。

9.【免费表演】免费表演已经发表的作品，该表演未向公众收取费用，也未向表演者支付报酬，且不以营利为目的。

10.【对公共场所艺术品以平面形式进行利用】对设置或者陈列在公共场所的艺术作品进行临摹、绘画、摄影、录像。（非接触性复制）

11.【制作少数民族语言文字版本】将中国公民、法人或者非法人组织已经发表的以国家通用语言文字创作的作品翻译成少数民族语言文字作品在国内出版发行。（汉译少）

12.【制作、提供无障碍格式版本】以阅读障碍者能够感知的无障碍方式向其提供已经发表的作品。

13. 法律、行政法规规定的其他情形。

前款规定适用于对与著作权有关的权利的限制。

二、法定许可

法定许可，是指依照法律的明文规定，<u>不经著作权人同意有偿使用他人已经发表的作品的行为。</u>

（一）法定许可的情形

1. 法定许可的类型

教科书的法定许可	为实施义务教育和国家教育规划而编写出版教科书，可以不经著作权人许可，在教科书中汇编已经发表的作品片段或者短小的文字作品、音乐作品或者单幅的美术作品、摄影作品、图形作品，但应当按照规定向著作权人支付报酬，指明作者姓名或者名称、作品名称，并且不得侵犯著作权人享有的其他权利
制作录音制品的法定许可	（1）录音制作者使用他人已经合法录制为录音制品的音乐作品制作录音制品，可以不经著作权人许可，但应当按照规定支付报酬 （2）著作权人声明不许使用的不得使用
广播组织播放作品的法定许可	（1）广播电台、电视台播放他人已发表的作品（不包括视听作品），可以不经著作权人许可，但应当支付报酬 （2）广播电台、电视台播放他人已经出版的录音制品（不包括录像制品），可以不经著作权人许可，但应当支付报酬
报刊转载的法定许可	（1）作品刊登后，除著作权人声明不得转载、摘编的外，其他报刊可以转载或者作为文摘、资料刊登，但应当按照规定向著作权人支付报酬 （2）作品必须发表在报纸和期刊上，发表在网络上的，不适用法定许可

2. 广播组织播放作品的法定许可总结

行为	电视台播放载有作品的录像制品	电台、电视台播放载有作品的录音制品
法条	《著作权法》第 48 条	《著作权法》第 45 条、第 46 条第 2 款
作品著作权	自愿许可	法定许可
表演者权	无权利，无须许可	
录制者权	自愿许可	获酬权（非法定许可）

（二）法定许可与合理使用的区别

1. 相同点	（1）均体现了对著作权和邻接权的限制 （2）使用的作品均为已经发表的作品 （3）均无须取得权利人的许可
2. 不同点	（1）法定许可权人仅限于录音制作者、广播组织者和报社（期刊社）等邻接权人，一般人不享有法定许可权；合理使用无主体范围的限制 （2）法定许可须向权利人支付报酬；合理使用无须支付报酬 （3）权利人可以事先声明排除法定许可；权利人不能以事先声明排除合理使用（时事性文章、公众集会上的讲话除外）

三、著作权侵权

（一）判断侵犯著作权的标准

"依照受控行为界定专有权利"，只要他人擅自实施了著作权法规定的受控行为，又无违法阻却事由，就侵犯了著作权。

（二）几种特殊的侵权

1. 技术措施

技术措施，是指用于防止、限制未经权利人许可浏览、欣赏作品、表演、录音录像制品或者通过信息网络向公众提供作品、表演、录音录像制品的有效技术、装置或者部件。

构成侵权	不构成侵权
（1）故意避开或者破坏技术措施 （2）制造、进口或者向公众提供有关装置或者部件（以避开或者破坏技术措施为目的） （3）提供技术服务（特指故意为他人避开或者破坏技术措施提供）	下列情形可以避开技术措施，但不得向他人提供避开技术措施的技术、装置或者部件，不得侵犯权利人依法享有的其他权利： （1）学校课堂教学或者科学研究＋提供少量已经发表的作品＋该作品无法通过正常途径获取 （2）不以营利为目的＋为阅读障碍者提供已经发表的作品＋而该作品无法通过正常途径获取 （3）国家机关依照行政、监察、司法程序执行公务 （4）对计算机及其系统或者网络的安全性能进行测试 （5）进行加密研究或者计算机软件反向工程研究

2. 针对计算机软件的特殊侵权

（1）商业使用盗版计算机软件，构成侵权并赔偿。

（2）个人使用盗版软件构成侵权，应当停止使用、销毁该侵权复制品；但是，不承担赔偿责任；如果停止使用并销毁该侵权复制品将给复制品使用人造成重大损失的，复制品使用人可以在向软件著作权人支付合理费用后继续使用。

（3）未经许可出租计算机软件，构成侵权（计算机软件不是出租主要标的的除外）。

3. 权利管理信息

（1）故意删除或者改变作品、版式设计、表演、录音录像制品或者广播、电视上的权利管理信息，但由于技术上的原因无法避免的除外。

（2）知道或者应当知道上述权利管理信息未经许可被删除或者改变，仍然向公众提供。

（3）由于技术上的原因无法避免的，不构成侵权。

第二章 专利法

一、本法适用对象

（一）专利权的客体

发明	是指对产品、方法或者其改进所提出的新的技术方案
实用新型	是指对产品的形状、构造或者其结合所提出的适于实用的新的技术方案
外观设计	是指对产品的形状、图案或者其结合以及色彩与形状、图案的结合所作出的富有美感并适于工业应用的新设计

（二）不授予专利权的客体

完成方式、内容或专利申请方式损害国家利益或者公共秩序的发明创作	1. 违反法律、社会公德或者妨害公共利益的发明创造 2. 违反法律规定获取或者利用遗传资源，并依赖该遗传资源完成的发明创造 3. 任何单位或者个人将在中国完成的发明或者实用新型向外国申请专利的，应当事先报经国务院专利行政部门进行保密审查。若违反前述规定向外国申请专利后，又就该发明或者实用新型向中国申请专利的，不授予专利权
自然规律、自然现象和抽象的思想	1. 科学发现 2. 智力活动的规则和方法 3. 疾病的诊断和治疗方法（注意：药品、医疗器械可以授予专利权）
动物和植物品种	动植物品种的"生产方法"，可授予专利权
原子核变换方法以及用原子核变换方法获得的物质	
对"平面"印刷品的图案、色彩或者二者的结合作出的主要起标识作用的设计	

二、专利权的主体

一般情形，专利权人为发明人（或设计人）。特殊规则如下。

（一）职务发明

类型	1."主要"是利用本单位的物质技术条件所完成的发明创造 2.执行本单位的任务所完成的发明创造。包括： （1）履行本职工作任务完成的发明创造 （2）履行本单位交付的本职工作之外的任务完成的发明创造 （3）退职、退休或者调动工作后1年内作出的，与其在原单位承担的本职工作或者原单位分配的任务"有关"的发明创造 3.本单位包括"临时"工作单位
归属	1.申请专利的权利属于该单位，申请被批准后，该单位为专利权人（利用本单位物质技术条件完成的发明创造，约定优先） 2.所在单位转让专利申请权的，发明人或者设计人享有以同等条件优先受让的权利 3.发明人、设计人的权利 （1）署名权（可以书面声明放弃）；（2）获得奖励权；（3）获得报酬权

（二）共同发明

权利归属	1.专利申请权由共同发明人共同享有 2.共同发明人一方不同意申请专利的，另一方或者其他各方不得申请专利（原因在于有些技术采用技术秘密保护比申请专利更为合适）
权利行使	1.共有人对专利申请权、专利权的行使有约定的，按照约定 2.没有约定的，共有人均有自己实施该专利或者以"普通许可方式"许可他人实施该专利，所获得的报酬应在共有人中合理分配 3.除上述情形外，行使共有的专利申请权或专利权应当取得全体共有人的同意

（三）委托发明

1.有约定的从约定，无约定的归受托人。

2.研究开发人（即受托人）取得专利权的，委托人可以免费实施该专利。

3.研究开发人转让专利申请权的，委托人享有以同等条件优先受让的权利（《民法典》第895条）。

三、专利的授权条件

（一）发明、实用新型专利的授权条件

授予发明、实用新型专利权的条件	1.新颖性：不属于现有技术且无抵触申请 2.实用性：（所属领域普通技术人员）能够制造或使用，并能够产生积极效果 3.创造性：与现有技术相比，该发明具有突出的实质性特点和显著的进步；该实用新型具有实质性特点和进步
对新颖性的判断	指申请专利的发明和实用新型不属于现有技术且无抵触申请： （1）所谓"现有技术"，指"申请日以前"在国内外为公众所知的技术 （2）没有"抵触申请" 抵触申请，是指在申请日以前，已经有单位或者个人就同样的发明或者实用新型向专利局提出申请并且记载在申请日以后公布的专利申请文件中

（续）

新颖性丧失的例外	申请专利的发明创造在**申请日以前 6 个月内**，有下列情形之一的，不丧失新颖性： （1）在国家出现紧急状态或者非常情况时，为**公共利益目的首次公开的** （2）在中国政府主办或者承认的**国际展览会上首次展出的** （3）在规定的学术会议或者技术会议上首次发表的 （4）他人未经申请人同意而泄露其内容的

（二）外观设计专利的授权条件

《专利法》第 23 条规定，授予专利权的外观设计，应当不属于现有设计；也没有任何单位或者个人就同样的外观设计在申请日以前向国务院专利行政部门提出过申请，并记载在申请日以后公告的专利文件中。

授予专利权的外观设计与现有设计或者现有设计特征的组合相比，应当具有明显区别。

授予专利权的外观设计不得与他人在申请日以前已经取得的合法权利相冲突。

本法所称现有设计，是指申请日以前在国内外为公众所知的设计。

四、专利申请的原则

（一）先申请原则

两个以上的申请人分别就同样的发明创造申请专利的，专利权授予最先申请的人。（先到先得）

（二）优先权原则

国际优先权[①]	申请人自**发明或者实用新型**在外国**"第一次"**提出专利申请之日起 **12 个月**内，或者自**外观设计**在外国**"第一次"**提出专利申请之日起 6 个月内，又在中国就相同主题提出专利申请的，根据国际条约、双边协议、互惠原则享有优先权的，**以其在外国第一次提出申请的日期为在中国提出申请的日期**
国内优先权	申请人自**发明或者实用新型在中国第一次提出专利申请之日起 12 个月内**，或者自**外观设计在中国第一次提出专利申请之日起 6 个月内**，又向国务院专利行政部门**就相同主题提出专利申请的**，可以享有优先权
总结	1. 专利局收到专利申请文件之日为申请日，**申请日享有优先权的，优先权日为申请日** 2. 优先权是"先申请原则"的延伸，只与专利申请日的确定有关

（三）单一性原则

1. 一件专利申请，限于一项发明（或者实用新型或外观设计）。

---

① 试举一例以说明：美国人甲于 2006 年 2 月 1 日就一项发明创造首次向美国专利商标局申请发明专利，又在 2006 年 7 月 1 日在英国就相同主题提出了发明专利申请，然后 2007 年 1 月 30 日向中国国家知识产权局就相同的发明创造申请专利权并声明要求优先权。在此前的 2006 年 12 月 1 日，中国人乙向中国国家知识产权局就独立完成的相同发明申请专利权，甲在美国首次提出专利申请的日期视为在中国提出申请的日期。根据在先申请原则，甲的申请先于乙。

2.属于一个总的发明构思的两项以上的发明（或实用新型；或同一产品两项以上的相似外观设计，或用于同一类别并且成套出售或使用的产品的两项以上外观设计），可以作为一件申请提出。

（四）禁止重复授予专利权原则

《专利法》第9条第1款规定，同样的发明创造只能授予一项专利权。但是，同一申请人同日对同样的发明创造既申请实用新型专利又申请发明专利，先获得的实用新型专利权尚未终止，且申请人声明放弃该实用新型专利权的，可以授予发明专利权。（可以同时申请，但不能同时获得）

五、专利申请的审批

（一）专利审批流程①

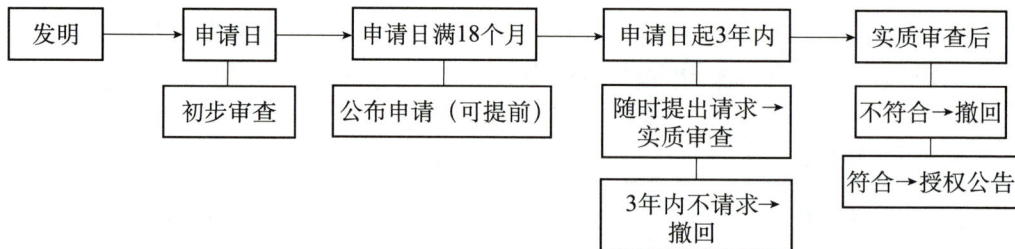

（二）发明专利的临时保护制度

临时保护期	是指**"发明申请公布—授权公告期间"**
自愿付费	发明专利申请公布后至授权公告前，申请人可以要求实施其发明的单位或者个人支付适当的费用
侵权认定	临时保护期内，他人实施制造、销售、进口行为，**并向权利人支付或者书面承诺支付适当费用的**，临时保护期内已制造、销售、进口的产品不视为侵权产品
	其后续的使用、销售、许诺销售不构成侵权行为（但他人后续的"制造"构成侵权）
诉讼时效	临时保护期使用该发明未支付适当使用费的，专利权人要求支付使用费的诉讼时效，**自专利权人得知或者应当得知他人使用其发明之日起计算**
	但是，专利权人于专利权授予之日前即已得知或者应当得知的，**自专利权授予之日起计算**

---

① 初步审查：申请经过初步审查后，自申请日起满18个月公布（可根据申请人请求早日公布）。

实质审查：自申请之日起3年内，根据申请人随时提出的请求，进行实质审查。

授权公告：

经过实质审查，没有发现驳回理由的，作出授予专利的决定。发明专利权自公告之日起生效。

申请人对驳回申请的决定不服的，先复审再诉讼。

（三）专利保护期

1. 各类专利的保护期

	专利	实用新型	外观设计
保护期	20 年	10 年	15 年
期限起算点	（1）专利期限均自**"实际申请日"**起计算（该"申请日"不适用"优先权原则"，应当自向中国专利行政部门实际提出申请日起开始计算） （2）专利权人应当自被授予专利权的当年开始缴纳年费		

2. 发明专利期限补偿制度

一般发明专利	自发明专利申请日起**满 4 年，且自实质审查请求之日起满 3 年后授予发明专利权的**，国务院专利行政部门应专利权人的请求，就发明专利在授权过程中的**不合理延迟**给予专利权期限补偿，但由申请人引起的不合理延迟除外
新药品发明专利	**为补偿新药上市审评审批占用的时间**，对在中国获得上市许可的新药相关发明专利，国务院专利行政部门应专利权人的请求给予专利权期限补偿。**补偿期限不超过 5 年，新药批准上市后总有效专利权期限不超过 14 年**

六、专利实施的特别许可

（一）推广应用

对象	**国有企业事业单位 + 发明 + 对国家利益或者公共利益具有重大意义**
方式	1. 国务院有关主管部门和省、自治区、直辖市人民政府报经国务院批准，可以决定在批准的范围内推广应用，允许指定的单位实施 2. 由实施单位按照国家规定向专利权人支付使用费

（二）开放许可

实施	专利权（发明、实用新型、外观设计均可）人**自愿以书面方式**向国务院专利行政部门声明愿意许可任何单位或者个人实施其专利，并明确许可使用费支付方式、标准的，由国务院专利行政部门予以公告，实行开放许可
	任何单位或者个人有意愿实施开放许可的专利的，**以书面方式通知专利权人**，并依照公告的许可使用费支付方式、标准支付许可使用费后，即获得专利实施许可
	实行开放许可的专利权人可以与被许可人就许可使用费进行协商后给予**普通许可**，但不得就该专利给予独占或者排他许可
	开放许可实施期间，对专利权人缴纳**专利年费相应给予减免**
撤回	1. 专利权人撤回开放许可声明的，应当以**书面方式**提出，并由国务院专利行政部门予以公告 2. 开放许可声明被公告撤回的，不影响在先给予的开放许可的效力
纠纷解决	当事人就实施开放许可发生纠纷的，由当事人协商解决；不愿协商或者协商不成的，可以请求国务院专利行政部门进行调解，也可以向人民法院起诉。

（三）强制许可

类型	防止专利权滥用的强制许可	有下列情形之一的，国务院专利行政部门根据具备实施条件的单位或者个人的申请，可以给予实施发明专利或者实用新型专利的强制许可： 1. 专利权人自专利权被授予之日起满3年，且自提出专利申请之日起满4年，无正当理由未实施或者未充分实施其专利的 2. 专利权人行使专利权的行为被依法认定为垄断行为，为消除或者减少该行为对竞争产生的不利影响的
	为了公共利益的强制许可	在国家出现紧急状态或者非常情况时，或者为了公共利益目的，国务院专利行政部门可以给予实施发明专利或者实用新型专利的强制许可
		为了公共健康目的，对取得专利权的药品，国务院专利行政部门可以给予制造并将其出口到符合中华人民共和国参加的有关国际条约规定的国家或者地区的强制许可
类型	交叉许可	一项取得专利权的发明或者实用新型比前已经取得专利权的发明或者实用新型具有显著经济意义的重大技术进步，其实施又有赖于前一发明或者实用新型的实施的，国务院专利行政部门根据后一专利权人的申请，可以给予实施前一发明或者实用新型的强制许可 在依照前款规定给予实施强制许可的情形下，国务院专利行政部门根据前一专利权人的申请，也可以给予实施后一发明或者实用新型的强制许可
效力		1. 仅适用于发明和实用新型，不包括外观设计专利 2. 取得实施强制许可的单位或者个人： （1）不享有独占的实施权 （2）无权允许他人实施 （3）应当付给专利权人合理的使用费

七、专利的无效宣告

事由	自国务院专利行政部门公告授予专利权之日起，任何单位或者个人认为该专利权的授予不符合专利法有关规定的，可以请求国务院专利行政部门宣告该专利权无效
行政诉讼	国务院专利行政部门对宣告专利权无效的请求应当及时审查，并依法定程序作出宣告专利权无效或者维持专利权的决定，当事人对该决定不服的，可依法提起诉讼
宣告无效的后果	1. 宣告无效的专利权视为自始即不存在
	2. 宣告专利权无效的决定，对在宣告专利权无效前人民法院作出并已执行的专利侵权的判决、调解书，已经履行或者强制执行的专利侵权纠纷处理决定，以及已经履行的专利实施许可合同和专利权转让合同，不具有追溯力。但是因专利权人的恶意给他人造成的损失，应当给予赔偿
	3. 依照前款规定不返还专利侵权赔偿金、专利使用费、专利权转让费，明显违反公平原则的，应当全部或者部分返还

八、专利侵权及其抗辩事由

（一）专利侵权的判定

专利侵权行为，是指在专利权有效期限内，任何单位或者个人未经专利权人许可又无法律依据，以生产经营为目的实施他人专利的行为。

1. 一般侵权行为

发明/实用新型	产品发明/实用新型	未经许可又无法律规定，为生产经营目的制造①、使用、许诺销售②、销售、进口专利权人的专利产品
	方法发明	未经许可又无法律规定，为生产经营目的使用专利权人的专利方法以及使用、许诺销售、销售、进口依照该专利方法直接获得的产品
外观设计		未经许可又无法律规定，为生产经营目的制造、许诺销售、销售、进口专利权人的外观设计专利产品

2. 特殊侵权行为

善意侵权	为生产经营目的的使用、许诺销售或者销售不知道是未经专利权人许可而制造并售出的专利侵权产品，能证明该产品合法来源的，不承担赔偿责任
	注意：1. 专利权人可以要求其停止使用、许诺销售、销售 2. 但被诉侵权产品的使用者举证证明其已支付该产品的合理对价的除外
不停止被诉行为的侵权	被告构成对专利权的侵犯，权利人请求判令其停止侵权行为的，人民法院应予支持，但基于国家利益、公共利益的考量，人民法院可以不判令被告停止被诉行为，而判令其支付相应的合理费用

3. 间接侵权

（1）明知有关产品系专门用于实施专利的材料、设备、零部件、中间物等，未经专利权人许可，为生产经营目的将该产品提供给他人实施了侵犯专利权的行为，认定为"帮助他人实施侵权行为"。（帮助侵权）

（2）明知有关产品、方法被授予专利权，未经专利权人许可，为生产经营目的积极诱导他人实施了侵犯专利权的行为，认定为"教唆他人实施侵权行为"。（教唆侵权）

4. 全面覆盖原则

包含与权利要求记载的全部技术特征相同或者相等的技术特征的，是侵权。

（二）专利侵权抗辩

权利用尽	专利产品或者依照专利方法直接获得的产品，由专利权人或者经其许可的单位、个人售出后，使用、许诺销售、销售、进口该产品的
先用权	在专利申请日前已经制造相同产品、使用相同方法或者已经作好制造、使用的必要准备，并且仅在原有范围内继续制造、使用的

---

① 产品的数量、质量及制造方法不影响对制造行为的认定；将部件组装成专利产品的行为，属于制造。

② 许诺销售，是指以做广告、在商店橱窗中陈列或者在展销会上展出等方式作出销售商品的意思表示。

（续）

临时过境	临时通过中国领陆、领水、领空的外国运输工具，依照其所属国同中国签订的协议或者共同参加的国际条约，或者依照互惠原则，**为运输工具自身需要而在其装置和设备中使用有关专利的**
专为科研	专为科学研究和实验而使用有关专利的
药品行政审批抗辩	为提供行政审批所需要的信息，**制造、使用、进口**专利药品或者专利医疗器械的，以及专门为其制造、进口专利药品或者专利医疗器械的
	行政审批过程中，药品上市许可申请人与有关专利权人，因申请注册的药品相关的专利权产生纠纷的： （1）相关当事人可以向法院起诉，请求就申请注册的药品相关技术方案是否落入他人药品专利权保护范围作出判决 （2）相关当事人也可以向国务院专利行政部门请求行政裁决
现有技术抗辩	在专利侵权纠纷中，被控侵权人有证据证明其实施的技术或者设计属于现有技术或者现有设计的，不构成侵犯专利权

（三）专利侵权纠纷

1. 在专利侵权诉讼中，被告在答辩期限内申请宣告专利无效，法院是否中止审理

（1）发明专利：可以中止审理。

（2）实用新型、外观设立：应当中止审理；但如果该实用新型、外观设计经过复审并维持，则是可以中止审理。

2. 在专利侵权诉讼中，被告在答辩期限届满后申请宣告专利无效，法院不应当中止诉讼，但经审查认为有必要中止诉讼的除外。

3. 被诉专利权被宣告无效

权利人在专利侵权诉讼中主张的权利要求被国务院专利行政部门宣告无效的，审理侵犯专利权纠纷案件的法院可以裁定驳回权利人基于该无效权利要求的起诉。

4. 专利权无效的决定被判决撤销（原专利权人胜诉、专利行政部门败诉）

有证据证明宣告专利权无效的决定被生效的行政判决撤销的，权利人可以另行起诉。

第三章　商标法

一、商标概述

概念	商标，是指经营者在商品或服务项目上使用的，将自己经营的商品或提供的服务与其他经营者经营的商品或提供的服务**区别开来的一种商业识别标志**	
组成	任何能够将自然人、法人或者其他组织的商品与他人的商品区别开的标志，包括文字、图形、字母、数字、三维标志、**颜色组合**和声音等，以及上述要素的组合，均可以作为商标申请注册	
种类	**集体商标**	以团体、协会或者其他组织名义注册，供该组织成员在商事活动中使用，以表明使用者在该组织中的成员资格的标志
	证明商标	由对某种商品或者服务具有监督能力的组织所控制，而由该组织以外的单位或者个人使用于其商品或者服务，用以证明该商品或者服务的原产地、原料、制造方法、质量或者其他特定品质的标志

二、商标注册的条件

注册商标，是指经商标局核准注册的商标。商标注册人享有商标专用权，受到商标法保护。我国目前必须使用注册商标的商品只有烟草制品。考生主要掌握商标注册的消极条件。

（一）禁用商标：不予注册、禁止使用

类别	具体规则
特定标志	1. 同中华人民共和国的国家名称、国旗、国徽、国歌、军旗、军徽、军歌、勋章等相同或者近似的，以及同中央国家机关的名称、标志、所在地特定地点的名称或者标志性建筑物的名称、图形相同的 2. 同外国的国家名称、国旗、国徽、军旗等相同或者近似的，但经该国政府同意的除外 3. 同政府间国际组织的名称、旗帜、徽记等相同或者近似的，但经该组织同意或者不易误导公众的除外 4. 与表明实施控制、予以保证的官方标志、检验印记相同或者近似的，但经授权的除外 5. 同"红十字""红新月"的名称、标志相同或者近似的

（续）

类别	具体规则
违反公序良俗的标志	1.带有民族歧视性的 2.带有欺骗性，容易使公众对商品的质量等特点或者产地产生误认的 3.有害于社会主义道德风尚或者有其他不良影响的
特殊地名	1.县级以上行政区划的地名，不得作为注册商标 2.公众知晓的外国地名，不得作为注册商标 3.例外：地名具有其他含义或者地名作为集体商标、证明商标组成部分 4.已经注册的使用地名的商标继续有效
无关代理	未经授权，代理人或者代表人以自己的名义将被代理人或者被代表人的商标进行注册，被代理人或者被代表人提出异议的，不予注册并禁止使用

（二）禁注商标：可以使用，不得注册（有例外）

商标缺乏显著性	原则	下列标志不得作为商标注册，但可作为"未注册商标"使用： （1）仅有本商品的通用名称、图形、型号的 （2）仅直接表示商品的质量、主要原料、功能、用途、重量、数量及其他特点的 （3）其他缺乏显著特征的 上述标志经过使用取得显著特征，并便于识别的，可以作为商标注册
	例外	但下列三种情况中的三维标志即使通过使用获得显著性也不得注册： （1）仅由商品自身的性质产生的形状 （2）为获得技术效果而需有的商品形状 （3）使商品具有实质性价值的形状
侵害他人在先权利①		就同一种商品或者类似商品申请注册的商标，与他人在先使用的未注册商标相同或者近似，申请人与该他人具有合同、业务往来关系或者其他关系而明知该他人商标存在，该他人提出异议的，不予注册

（三）其他禁止注册的情形

1.不以使用为目的的恶意商标注册申请。

2.商标代理机构申请注册除代理服务之外的其他商标。②

3.采用欺骗或者其他不正当手段进行注册。

（四）对驰名商标的特殊保护

概念	驰名商标，是指在中国境内为相关公众广为知晓的商标
未注册驰名商标：同类保护	就相同或者类似商品申请注册的商标是复制、摹仿或者翻译他人未在中国注册的驰名商标，容易导致混淆的，不予注册并禁止使用

---

① 注意此处不包括代理商标注册合同，如果是"代理""代表"合同关系，无权代理会导致商标禁止注册并且禁止使用。

② 《商标法》第19条第4款规定，商标代理机构除对其代理服务申请商标注册外，不得申请注册其他商标。

（续）

已注册驰名商标：跨类保护	就不相同或者不相类似商品申请注册的商标是复制、摹仿或者翻译他人已经在中国注册的驰名商标，误导公众，致使该驰名商标注册人的利益可能受到损害的，不予注册并禁止使用
个案中做事实认定	人民法院对于商标驰名的认定，仅作为案件事实和判决理由，不写入判决主文；以调解方式审结的，在调解书中对商标驰名的事实不予认定
驰名商标禁止用于宣传	生产、经营者不得将"驰名商标"字样用于商品、商品包装或者容器上，或者用于广告宣传、展览以及其他商业活动中
恶意注册的无效宣告	对恶意注册的，驰名商标所有人申请商标无效宣告不受 5 年的时间限制
将驰名商标作为字号使用	将他人注册商标、未注册的驰名商标作为企业名称中的字号使用，误导公众，构成不正当竞争行为的，依照反不正当竞争法处理

三、商标注册的原则

（一）申请在先原则

1. 两个或者两个以上的商标注册申请人，在同一种商品或者类似商品上，以相同或者近似的商标申请注册的，初步审定并公告申请在先的商标。

2. 同一天申请的，初步审定并公告使用在先的商标，驳回其他人的申请，不予公告。

3. 同日使用或者均未使用的，各申请人可以自收到商标局通知之日起 30 日内自行协商；不愿协商或者协商不成的，商标局通知各申请人以抽签的方式确定一个申请人，驳回其他人的注册申请。

【记忆：申请在先→使用在前→协商不成→再来抽签】

（二）优先权原则

概念	申请日以商标局收到申请文件的日期为准，申请人享有优先权的，以优先权日为申请日
国外申请优先权	1. 适用条件： （1）商标注册申请人自其商标在外国第一次提出商标注册申请之日起 6 个月内，又在中国就相同商品以同一商标提出商标注册申请 （2）第一次提出商标申请的所在国，应当与我国签订涉及优先权的协议，或者也参加了我国参加的规定了优先权的国际条约，或者与我国相互承认优先权 注意：优先权不能自动产生 2. 提出书面声明 + 时间上应在提出商标注册申请时提出 + 在 3 个月内提交第一次提出的商标注册申请文件的副本
国内优先权	1. 商标在中国政府主办的或者承认的国际展览会展出的商品上首次使用的，自该商品展出之日起 6 个月内，该商标的注册申请人可以享有优先权 2. 应当在提出商标注册申请的时候提出书面声明，并且在 3 个月内提交展出其商品的展览会名称、在展出商品上使用该商标的证据、展出日期等证明文件 3. 未提出书面声明或者逾期未提交证明文件的，视为未要求优先权

（三）一表多类原则（一标多类原则）

商标注册申请人可以通过一份申请就多个类别的商品申请注册同一商标。

四、商标注册申请的代理制度

1. 中国人或者中国企业申请商标注册或者办理其他商标事宜，可以自行办理，也可以委托依法设立的商标代理机构办理。（中国人，可自行选择）

2. 外国人或者外国企业在中国申请商标注册的，要符合以下要求：（1）应当按其所属国和我国签订的协议或者共同参加的国际条约办理，或者按对等原则办理；（2）应当委托依法设立的商标代理机构办理。（外国人，只能委托代理机构办理）

3. 商标代理机构

基本规则	（1）遵循诚实信用原则，遵守法律、行政法规，按照被代理人的委托办理商标注册申请或者其他商标事宜 （2）对在代理过程中知悉的被代理人的商业秘密，负有保密义务
明确告知事项	申请注册的商标可能存在商标法规定不得注册情形的，商标代理机构应当明确告知委托人
不得接受委托的事项	（1）不以使用为目的的恶意商标注册申请，商标代理机构不得接受委托 （2）以自己的名义将被代理人或者被代表人的商标进行注册，被代理人或者被代表人提出异议的，商标代理机构不得接受委托 （3）与他人在先使用的未注册商标相同或者近似，……具有合同、业务往来关系……明知该他人商标存在，该他人提出异议的，商标代理机构不得接受委托 （4）损害他人现有的在先权利，以不正当手段抢先注册他人已经使用并有一定影响的商标，商标代理机构不得接受委托

五、商标异议制度

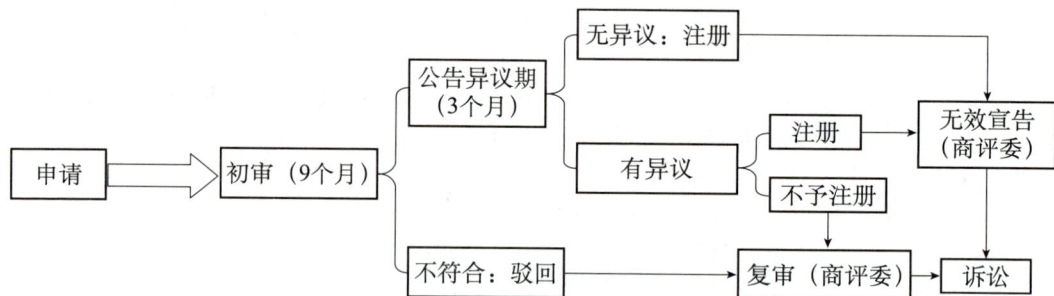

初步审查	自收到商标注册申请文件之日起，商标局应当在9个月内审查完毕
异议程序发动的条件	（1）异议期限：初审公告之日起3个月
	（2）异议事由法定。涉嫌：①违反相对拒绝注册事由；②违反绝对拒绝注册事由
	（3）异议提出对象：商标局
	（4）异议人分两种情况： ①涉嫌违反相对拒绝注册事由的，仅限于在先权利人和利害关系人 ②涉嫌违反绝对拒绝注册事由的，任何人都有权提出异议

（续）

公告期满无异议	3 个月公告期满无异议的，予以核准注册，发给商标注册证，并予公告
商标局对异议的处理	要么作出核准注册的决定，要么作出不予注册的决定
异议人与被异议人的程序权利	（1）异议人的权利 对商标局作出的准予注册的决定，不能申请复审，只能在商标核准注册之后，依照规定向商标评审委员会请求宣告该注册商标无效 （2）被异议人的权利 ① 对商标局作出的不予注册的决定，可自收到通知之日起 15 日内向商标评审委员会申请复审（须在 12 个月内作出复审决定，可延长 6 个月） ② 对复审决定不服的，可自收到通知之日起 30 日提起行政诉讼

六、商标权的内容

专用权	1. 以核准注册的商标和核定使用的商品为限 2. 生产、经营者不得将驰名商标字样用于商品、商品包装或者容器上，或者用于广告宣传、展览以及其他商业活动中
禁止权	范围大于专用权，还包含相似的情形也禁止使用
转让权	1. 转让注册商标的，转让人和受让人应当签订转让协议 2. 双方共同向商标局提出申请 3. 转让注册商标经核准后，予以公告 4. 受让人自公告之日起享有商标专用权 5. 除非另有约定，注册商标的转让不影响转让前已经生效的商标使用许可合同的效力
许可权	1. 商标注册人可以通过签订商标使用许可合同，许可他人使用其商标。使用许可合同签订后，应当在 3 个月内将合同副本报送商标局备案。未经备案的，不影响该许可合同的效力，但不得对抗善意第三人
	2. 许可人应当监督被许可人使用其注册商标的商品质量；被许可人应当保证使用该注册商标的商品质量。被许可人还应当在使用该注册商标的商品上标明自己的名称和商品产地

七、商标的续展

1. 注册商标的有效期为 10 年，原则上自核准注册之日起计算
2. 期满后商标所有人需要继续使用该商标并维持专用权的，可以通过续展注册延长商标权的保护期限
3. 续展注册应当在有效期满前 12 个月内办理
4. 在 12 个月内未能提出申请的，有 6 个月的宽展期
5. 宽展期仍未提出申请的，注销其注册商标。注销之日起 1 年内，商标局对与该商标相同、近似的申请，仍不予核准
6. 每次续展注册的有效期为 10 年，自该商标上一届有效期满次日起计算

（续）

7.续展注册没有次数的限制

八、商标权的消灭

（一）注册商标的撤销

商标注册人有下列行为之一的，由商标局责令限期改正或者撤销其注册商标。

类型	1. 自行改变注册商标、注册人名义、地址或者其他注册事项的
	2. 注册商标成为其核定使用的商品的通用名称或者没有正当理由连续 3 年停止商标使用的
后果	1. 无溯及力 2. 对商标局撤销决定不服的，可以自收到通知之日起 15 日内向商标评审委员会申请复审。对商标评审委员会的决定不服的，可以自收到通知之日起 30 日内起诉 3. 注册商标被撤销的，自撤销之日起 1 年内，商标局对与该商标相同或者近似的商标注册申请，不予核准

（二）注册商标的无效宣告

注册商标的无效宣告，是指已经注册的商标，在商标权存续期间出现法定事由，由商标局或者商标评审机构宣告该注册商标无效。

	商标标识违法	商标侵权类
具体事由	1. 不以使用为目的的恶意商标注册申请 2. 不得作为商标使用的特定标志 3. 缺乏显著特征的标志 4. 不得注册的三维标志 5. 商标代理机构除对其代理服务申请商标注册外，申请注册其他商标 6. 以欺骗手段或者其他不正当手段取得注册	1. 侵犯驰名商标权 2. 无权代理注册商标 3. 侵犯地理标志 4. 利害关系人认为应当驳回但未驳回 5. 违反申请在先原则 6. 申请商标注册损害他人现有的在先权利，或者以不正当手段抢先注册他人已经使用并有一定影响的商标
程序	1. 由商标局宣告无效，当事人对商标局的决定不服的，可向商标评审机构申请复审，当事人对商标评审机构的决定不服的，可以向法院起诉 2. 其他单位或者个人可以请求商标评审机构宣告该注册商标无效，对商标评审机构的决定不服的，可以向法院起诉	1. 自商标注册之日起 5 年内，在先权利人或者利害关系人可以请求商标评审机构宣告该注册商标无效，当事人对商标评审机构的裁定不服的，可以向法院起诉 2. 对恶意注册的，驰名商标所有人不受 5 年的时间限制
无效的后果	1. 宣告无效的注册商标，视为自始即不存在 2. 自宣告无效之日起 1 年内，商标局对与该商标相同或者近似的商标注册申请，不予核准 3. 宣告注册商标无效的决定或者裁定，对已经了结的事项等，无追溯力 4. 依照上述规定不返还商标侵权赔偿金、商标转让费、商标使用费，但是，明显违反公平原则的，应当全部或者部分返还	

九、商标侵权及其抗辩事由

（一）商标侵权行为

1. 假冒或仿冒行为	（1）在同一种商品上使用与他人注册商标相同的商标
	（2）在同一种商品上使用与他人注册商标相近似的商标
	（3）在类似商品上使用与他人注册商标相同的商标
	（4）在类似商品上使用与他人注册商标近似的商标
2. 销售侵犯商标专用权的商品	
3. 伪造、擅自制造他人注册商标标识或者销售伪造、擅自制造的注册商标标识	
4. 未经商标注册人同意，更换其注册商标并将该更换商标的商品又投入市场【反向假冒】	
5. 故意为侵犯他人商标专用权行为提供便利条件，帮助他人实施侵犯商标专用权行为的	

（二）商标侵权抗辩

1. 不侵权的抗辩

正当使用	（1）注册商标中含有的本商品的通用名称、图形、型号或者直接表示商品的质量、主要原料、功能、用途、重量、数量及其他特点，或者含有的地名，注册商标专用权人无权禁止他人正当使用 （2）三维标志注册商标中含有的商品自身的性质产生的形状、为获得技术效果而需有的商品形状或者使商品具有实质性价值的形状，注册商标专用权人无权禁止他人正当使用
先用权	商标注册人申请商标注册前，他人已经在同一种商品或者类似商品上先于商标注册人使用与注册商标相同或者近似并有一定影响的商标的，注册商标专用权人无权禁止该使用人在原有使用范围内继续使用该商标，但可以要求其附加适当区别标志
商标权用尽	对于经商标权人许可或者以其他方式合法投放市场的商品，他人在购买后无须经过商标权人许可，即可将带有该商标的商品再次出售或者以其他方式提供给公众，包括为此目的在广告宣传中使用该商标，均不构成对注册商标的侵害

2. 不承担赔偿责任的抗辩

注册商标 3 年未使用	注册商标 3 年未使用，并且注册商标专用权人不能证明受到其他损失的，侵权人不承担赔偿责任
善意销售	销售不知道是侵犯注册商标专用权的商品，能证明该商品是自己合法取得并说明提供者的，不承担赔偿责任
侵犯未注册驰名商标	侵犯未注册驰名商标的，只承担停止侵害、销毁侵权物品等责任，不承担赔偿责任

第四章　知识产权侵权的共同规则

一、知识产权请求权与损害赔偿请求权

知识产权请求权	1. 不以加害人的过错为要件 2. 不以权利人遭受损失为要件 3. 不适用诉讼时效，也不适用除斥期间
知识产权权利人对加害人主张的赔偿损失之请求	1. 以加害人的过错为要件 2. 以权利人遭受损失为要件 3. 适用3年的诉讼时效期间。自权利人知道或者应当知道权利受侵害之日起计算。权利人超过3年起诉的，如果侵权行为在起诉时仍在持续，在该项知识产权的有效期内，人民法院应当判决被告停止侵权，不过侵权人只承担3年的赔偿责任

二、原告的确定

1. 知识产权人	
2. 法定的利害关系人（被许可人、继承人）	
3. 使用许可合同（利害关系人的一种）的被许可人的诉讼地位	（1）"独占"使用许可合同的被许可人，可以作为原告独立起诉
	（2）"排他"使用许可合同的被许可人可以和知识产权人共同起诉，也可以在权利人不起诉的情况下，作为原告自行提起诉讼
	（3）"普通"使用许可合同的被许可人通常不享有起诉权。但许可合同明确约定被许可人可以单独起诉，或者经知识产权人书面授权单独起诉的，可以独立起诉

三、损害赔偿数额的确定

1. 侵犯专利权赔偿的数额依序按照下列规则确定	（1）补偿性损害赔偿（顺序） ① 权利人因被侵权遭受的实际损失或者侵权人因侵权所获得的利益 ② 参照该专利许可使用费的倍数合理确定 ③ 法定赔偿金：3 万元至 500 万元
	（2）惩罚性损害赔偿 "故意"侵犯专利权，且"情节严重的"，可以在依照上述第一顺序至第二顺序确定的补偿性损害赔偿数额的"一倍以上五倍以下"确定赔偿数额，其中所增加的"一至四倍"即为惩罚性赔偿
2. 侵犯商标专用权赔偿的数额依序按照下列规则确定	（1）补偿性损害赔偿 ① 按照权利人因侵权遭受的实际损失或者侵权人因侵权所获得的利益给予赔偿 ② 参照该商标许可使用费的倍数合理确定 ③ 法定赔偿金（500 万元以下）
	（2）惩罚性赔偿金 对于故意侵犯商标专用权，且情节严重的，可以在依照上述第一顺序至第二顺序确定的补偿性损害赔偿数额的"一倍以上五倍以下"确定赔偿数额，其中所增加的"一至四倍"即为惩罚性赔偿
3. 侵犯著作权赔偿的数额依序按照下列规则确定	（1）补偿性损害赔偿 ① 按照权利人因侵权遭受的实际损失或者侵权人的违法所得给予赔偿 ② 参照该权利使用费给予赔偿； ③ 法定赔偿金：500 元以上 500 万元以下
	（2）惩罚性损害赔偿 对故意侵犯著作权或者与著作权有关的权利，情节严重的，可以在按照补偿性损害赔偿确定数额的一倍以上五倍以下给予赔偿，其中所增加的"一至四倍"即为惩罚性赔偿
4. 此外，权利人还可以要求赔偿为制止侵权所支付的合理开支（如律师费、公证费、诉讼费、差旅费）